D1176750

BREVE HISTORIA
DE LA
NOVELA HISPANOAMERICANA

ARTURO USLAR-PIETRI

BREVE HISTORIA

DE LA

NOVELA

HISPANOAMERICANA

CARACAS - MADRID

Ediciones «EDIME». Edificio Caoma - Ibarras a Pelota. Caracas

Printed in Spain - Impreso en España

E. Sánchez Leal, S. A., Santísima Trinidad, 7. Madrid

INTRODUCCION

La novela es una de las manifestaciones más importantes y originales de la literatura hispanoamericana. Se desarrolla y florece en los últimos ciento treinta años con caracteres originales. Surge, precisamente, cuando el período colonial concluye, y se desenvuelve con paralelo curso al de la difícil y agitada vida de las nuevas naciones independientes.

El mundo americano había manifestado su individualidad desde el primer momento del llamado proceso de trasculturación. Coincide con la colonización el florecimiento más brillante de las letras castellanas. En la hora del Descubrimiento aparece la *Celestina,* gran hazaña de modernidad preñada de grandes consecuencias literarias; cuando Colón acaba de vislumbrar la masa continental se publica *Amadís de Gaula,* que enciende la febril afición por los libros de caballerías; por los días en que Pizarro organiza la conquista del Perú, Boscán y Garcilaso emprenden la más completa y profunda renovación de la poseía lírica en forma y contenido; en 1551, Lope de Rueda afianza los cimientos del teatro popular, cuando Antonió de Mendoza llega de Virrey del Perú; desde la muerte de Valvidia hasta la fundación de Caracas, salen de las prensas españolas el *Lazarillo de Tormes;* la *Diana,* de Jorge de Montemayor, y *El Abencerraje,* es decir, los insuperables modelos de las novelas picaresca, pastoril y morisca.

Sin embargo, nada de esto pasa a América, o pasa

11

en forma muy superficial y fugaz. Lo que más bien ocurre es lo que Alfonso Reyes ha señalado como «principio de la regresión colonial». En lugar de la poesía lírica italianizante, se propaga el romance viejo; en vez del teatro renacentista, el auto sacramental; en lugar de la novela, el poema épico narrativo; no se cultiva la historia neoclásica, sino que se regresa, de un modo espontáneo, al tipo directo y necesario de las crónicas medievales.

Y no fué porque no se tuviera noticias de novelas en América. Los trabajos del Profesor Irving A. Leonard *(Books of the Brave.* Harvard) demuestran que en el siglo XVI vinieron a las Indias, en abundancia, todos los nuevos libros españoles, y, en especial, libros de caballerías y relatos picarescos. La mayor parte de la primera edición del *Quijote* vino a América. Mateo Alemán, uno de los mayores novelistas castellanos, se estableció en México.

Era, acaso, que el tiempo americano no estaba todavía para la novela, sino para la corografía, el canto, la ponderación de las descomunales hazañas y la noticia para los europeos de las maravillas del Nuevo Mundo.

Cuando el mundo americano afirma su individualidad, en la independencia, entonces la novela, que no había logrado prender en trescientos años, empieza a brotar como planta espontánea para expresar las nuevas condiciones de la vida criolla. La cosa comienza con *El Periquillo Sarniento,* de Fernández de Lizardi, y se multiplica y crece en todas las naciones. Durante el siglo y tercio de su historia, y en mucha parte desde su nacimiento, pone de manifiesto sus caracteres propios. El *Periquillo* está lejos de ser una mera imitación de *Gil Blas.* No nace de un propósito retórico de imitar un modelo famoso, sino que es la consecuencia viva de una necesidad individual e histórica. Es un libro mexicano, lleno de una vida y de un sentido que ya nadie podría confundir con nada europeo. A algunos les parecería y les seguirá pareciendo barbarie, torpeza e ignorancia; pero no es sino americanidad. La novela hispanoamericana se llena de la vocación de mestizaje de su mundo, está concebida como una epopeya primitiva de la lucha del bien y del mal; tiene por gran personaje a la Naturaleza, que no es personaje de novelas españolas; está dominada por una tendencia reformista y educadora; y los valores de estilo, en forma y contenido, le son primordiales.

Es como si la circunstancia americana desnaturalizara el simple espíritu de imitación y solicitara implacablemente la atención del novelista con lo característico de su humanidad y con su paisaje.

Esto es lo que resalta al mirar en sucesión de fechas la curva de su desarrollo y su vigoroso crecimiento, que es lo que en esta *Breve historia* he tratado de presentar, acaso demasiado someramente.

La hora presente de la novela hispanoamericana hace oportuno ese recuento. A partir del modernismo, esa novela busca, en la unión de lo culto y lo popular, afirmar su peculiaridad ante el mundo. Lo ha logrado, ciertamente, en muchos ilustres casos. Pero la verdad es que la hora de las novelas hipanoamericanas de valor universal está empezando a sonar. Habremos entrado plenamente en ella cuando los novelistas nuestros sientan dramáticamente que lo que haya que hacer en la novela, en términos mundiales, pueden y deben hacerlo ellos, sin esperar direcciones, modelos o modas venidos de otras partes.

Esta concisa revista de tiempos puede ser útil como examen de conciencia y punto de partida.

Caracas, 1954.

EL ANTECEDENTE DE LA POESIA
EPICA Y NARRATIVA

Los castellanos, tan dados a cantar la historia inmediata, pronto hicieron poesía, en España y en América, sobre el Nuevo Mundo.

No sólo romances de tipo tradicional, sino largos poemas de más pretensión, de los cuales pocos se publicaron, y algunos han aparecido muy posteriormente en manuscritos olvidados.

Los más antiguos de estos poemas están compuestos en coplas de arte mayor, a la manera de Juan de Mena. Posteriormente aparece la influencia italiana, y con ella, el empleo casi exclusivo de la octava real.

No es necesario advertir que muy pocos tienen valor literario. Los más son crónicas sin vuelo, trabajosamente rimadas y medidas, con un mero valor de curiosidad, fuera del historiográfico que puedan tener.

Algunos críticos consideran el llamado *Romance elegíaco,* de Luis de Miranda, como la primera poesía conocida escrita en América sobre episodios de la conquista. Su autor fué un clérigo español que vino al Río de la Plata en la expedición de Don Pedro de Mendoza, y trata en él sobre la primera fundación de Buenos Aires y su subsiguiente destrucción por los indios. Consta de ciento treinta y cinco octosílabos con pie quebrado. Contra la opinión de quienes lo hacen remontar al propio año de 1537, nos parece más fundada la de Ricardo Rojas, que estima que debió de ser compuesto

17

hacia la quinta década del siglo XVI, en la que fué Miranda vecino de La Asunción.

Consideramos que el más antiguo poema histórico conocido sobre el Nuevo Mundo es el que se designa con el nombre de *Conquista de la Nueva Castilla,* de autor anónimo, hallado manuscrito en Austria y publicado en París en 1848 por Don J. A. Sprecher de Bernegg.

El título completo es *Relación de la conquista y descubrimiento que hizo el Marqués Don Francisco Pizarro en demanda de las Provincias y Reinos que ahora llamamos Nueva Castilla.* Está escrito en doscientas ochenta y tres octavas de arte mayor, mal medidas, sordas y prosaicas, y se divide en dos partes. La primera se compone de cinco cantos, y trata de la segunda salida de Pizarro, llegada a Túmbez y vuelta a Panamá. La segunda parte describe, en tres cantos, la conquista definitiva hasta la prisión de Atahualpa.

Parece escrito por un rudo testigo de los hechos que narra, y no debe ser posterior al año de 1542, como lo indican los siguientes versos (parte II, canto III, octava CCLXXI), que se refieren a Fray Vicente de Valverde, quien, siendo Obispo de Cuzco, murió asesinado por los indios en Puna a fines de 1541:

> *En este comedio, un padre salió,*
> *que agora es obispo...*

A este mismo tipo de poesía histórica pertenece otro rudo poema sobre la muerte de Almagro, de autor anónimo, escrito en treinta y nueve estrofas, también de arte mayor, con una corta introducción en prosa, que Menéndez y Pelayo supone, por la referencia que hace al degüello de Gonzalo Pizarro, que no sea anterior a 1548.

Debe mencionarse también, aunque escrito en España por quien no conoció a América, el *Carlo Famoso*, de Luis de Zapata, impreso en Valencia en 1566. El autor, traductor de Ariosto, dedica el canto XI de sus laboriosas octavas reales a una descripción de la conquista de México por Cortés. Era un caballero de su tiempo, ansioso de hermanar en su frente los laureles de las armas y las letras, según el cortesano ideal de Castiglione.

La Araucana, de Ercilla, cuya primera parte se publicó en 1569, señala el advenimiento de la conquista de América a la poesía.

El más alto de los poemas históricos de la musa castellana también pertenece a América, no sólo por el tema, sino por el sentido y por las consecuencias. Ha visto al indio con admiración y entusiasmo y ha creado una poderosa imagen mítica, que va a repetirse y a durar por siglos.

No es el poema de la hazaña española, es más bien una visión noble y grandiosa de la conquista, en la que el indio aparece revestido con el prestigio de los héroes clásicos. La nación chilena la tiene por el canto de su fundación.

Es curioso que, en la hora de su mayor gloria militar y de sus grandes victorias europeas, España alcanzara la culminación de su poesía histórica moderna en un tema americano, y que los héroes de ese poema no fuesen siquiera los aztecas, o los incas, o alguna de las grandes naciones indígenas, sino los australes araucanos, salvajes y pobres.

El azar de la vida de Ercilla lo quiso así.

Don Alonso de Ercilla y Zúñiga (1533-1594) nació en Madrid el 7 de agosto de 1533. Hijo de nobles padres, se crió en la Corte y fué Paje del futuro Felipe II. Todavía sin cumplir los catorce años, le acompañó a Flandes a tomar posesión del Ducado de Brabante. También le estaba acompañando en Londres cuando llegó la noticia de la muerte de Valdivia y de la guerra de los araucanos. Obtuvo licencia para partir con el Adelantado Alderete en 1555. Llegó a Lima a tiempo para incorporarse a la expedición que el Virrey enviaba a Chile, al mando de su hijo Don García Hurtado de Mendoza, nombrado Gobernador. Mozo era Don García, de veintiún años, y Ercilla apenas le llevaba uno. La guerra con los araucanos fué cruenta y difícil. Abundaron en ella las sorpresas, los combates desiguales, los inauditos actos de arrojo. Halló mucho que admirar el joven español, que venía nutrido de los ideales heroicos y caballerescos del Renacimiento.

Brota en él la admiración por aquellos indios aguerridos, estoicos e indomables, que son sus enemigos. Empieza a mirarlos con la dimensión de los héroes de los cantos clásicos y a evocar en su memoria los versos que Ariosto o Virgilio dirigen a sus campeones. Pronto comienza a escribir, según él mismo cuenta, al calor de los sucesos, en el descanso del campamento, sobre pedazos de papel y hasta de cuero.

El año de 1558 ocurre un desgraciado incidente, sobre cuyos pormenores no concuerdan los diferentes cronistas que lo han referido. Con ocasión de celebrarse en la Imperial la noticia de la coronación de Felipe II, se produce un violento altercado entre Ercilla y otro caballero. El Gobernador, Don García, interviene de una manera brutal, golpeando al poeta y enviándolo a prisión. Se salva de una sumaria condena a muerte por la oportuna intervención de personas amigas. Logra el perdón, pero tiene que marcharse.

Muchos atribuyeron al resentimiento que debió provocar en Ercilla este desgraciado suceso el poco entusiasmo que pone en cantar a Don García.

La verdad es que los héroes del poema no son los españoles, sino los araucanos, y que si Don García no recibió los ditirambos a que los próceres de la época estaban acostumbrados, tampoco puede decirse que lo trate con injusticia e inquina.

Este aparente desdén dió origen a toda una larga serie de obras panegíricas que los familiares y amigos del Gobernador se esforzaron en hacer escribir de encargo para contradecir *La Araucana* y realzar los méritos de éste.

Vuelto Ercilla a España en 1563, fué gentilhombre del Rey y casó en 1570 con la noble y rica dama Doña María de Bazán. Durante el resto de su vida hizo algunos viajes al servicio del Rey y residió lo más del tiempo en Madrid, donde completó su obra poética, con laborioso esfuerzo, que él confiesa «es malo de sacar de un terrón zumo».

En 1594, rico y un poco apartado del favor real, murió en Madrid, de sesenta y un años. No dejó descendencia legítima. Un hijo natural que tuvo, Don Juan de Ercilla, murió en el desastre de la Armada.

Ercilla es un hombre representativo de su tiempo. Cortesano del Renacimiento, caballero castellano, conquistador español, erudito en letras, su vida y su poesía están inspiradas por los mismos ideales hispanos y renacentistas.

Es patente en él la influencia de Ariosto, de Lucano y de Virgilio. Pero mira la historia inmediata con ojos de castellano. Viste del ropaje de los héroes épicos a sus araucanos y encarna en ellos las virtudes que amaba.

Su visión del indio, aunque etnográficamente falsa, va a crear los primeros héroes literarios americanos. Caupolican, Lautaro, Colocolo hablan como personajes de la *Eneida*, pero simbolizan uno de los sentimientos

21

más raigales del alma americana: el de la salvaje adhesión a lo autóctono.

El largo poema se divide en tres partes. La primera, que debió de ser comenzada en la propia región del Arauco, es la más extensa y con mayor rigor de crónica, y narra los sucesos de la conquista anteriores a la llegada de Ercilla. Se publicó en Madrid en 1569, cuando Ercilla contaba treinta y seis años.

La segunda parte se publicó en 1578. En ella interpola las descripciones de las batallas de San Quintín y de Lepanto, con el evidente propósito de compensar lo insignificante del tema con algún elogio a las grandes hazañas europeas de los españoles. Esta parte y la tercera, publicada once años después (1589), son las más autobiográficas, y en cierto modo constituyen una especie de diario poético de la campaña.

Ercilla toma de Ariosto el modelo de la composición y de las octavas reales, pero en lo demás se aparta. Es poeta fuerte y sencillo. Pocos le han igualado en el poder descriptivo. Casi no ve la Naturaleza; pero, en cambio, describe con inagotable invención plástica los repetidos encuentros de españoles e indios.

No tiene su poema un héroe. Lo que más se acerca a ser su tema central es la figura poderosa de Caupolicán, sus luchas y su martirio. El tema es el heroísmo de todo un pueblo. Son los araucanos, sus virtudes, su arrojo, su bárbara grandeza, lo que canta. Es una acción colectiva, la epopeya del contacto cruento de dos civilizaciones, de dos razas, de dos mundos, que es el complejo hecho fundamental de la conquista americana.

La Araucana creó una manera de cantar lo americano, que va a durar y a repetirse por mucho tiempo. Es el modelo de toda la poesía épicahistórica que la sigue. Su aparición marca una época dentro de la literatura hispanoamericana. Antes de ella, predomina la crónica, la narración, la corografía; después de ella, predomina lo literario. Se empieza a hacer deliberadamente literatura con lo americano.

Los poetas que narrarán episodios de la conquista la imitan. Especialmente los del llamado ciclo araucano, nombre con que se distingue el conjunto de poesías históricas que tratan de la conquista de Chile, que son las más abundantes y valiosas. También lo hacen las que se agrupan en otros ciclos, menos importantes desde el punto de vista literario, como el ciclo peruano y el ciclo cortesiano.

Hubo una tentativa frustrada de continuación del poema. Es la que, con el título de *La Araucana, Cuarta y Quinta Parte,* publicó en Salamanca, en 1597, Diego de Santiesteban Osorio, leonés que nunca pasó el Océano. Es obra retórica, falsa, que altera la historia y que nada tiene de hispanoamericano.

El primer criollo que sigue el ejemplo de Ercilla es, según hasta ahora aparece, el mexicano Francisco de Terrazas, quien, con el nombre de *Nuevo Mundo y Conquista,* compuso un poema sobre la empresa de Cortés, del que apenas se conocen algunos dispersos fragmentos, identificados por los eruditos esfuerzos de García Icazbalceta.

En 1578 terminó su poema *El Marañón* el español Diego de Aguilar y Córdoba, quien vivía en Huanuco (Perú) a fines del siglo XVI. Describe la expedición de Ursúa de El Dorado y la insurrección de Lope de Aguirre. Está lejos de merecer los elogios que Cervantes le tributa en *El canto de Calíope.*

El dramaturgo español prelopista Gabriel Lobo y Laso de la Vega (1559-?), quien nunca estuvo en Indias, publicó en Madrid, en 1588, la *Primera parte de Cortés*

Valeroso, y Mexicana, poema de cuidada versificación, aunque frío y retórico.

Juan de Castellanos (1522-1607) es una de las más atractivas figuras entre las de los que pusieron en verso los hechos de la conquista. Vivió mucho, vió mucho, y supo recordar y contar con extraordinario acierto realista y con un tono levantado y moral «tanto trabajo, tanta desventura, tan increíble hambre, tanto muerto».

Siendo casi un niño vino a Indias, en 1533. Por más de veinte años lleva la heroica existencia del conquistador. Estuvo en Cubagua, en Trinidad, en Margarita y en varias entradas en Tierra Firme.

En 1554 empieza la segunda y más larga etapa de su vida. Se hace clérigo en Cartagena, «como malhechor que se recoge al sagrado», y a poco es enviado a Tunja, donde sirvió cuarenta y seis años como beneficiado de la iglesia parroquial y murió en 1607.

Fué durante esa época final que hizo su obra literaria. Sus amigos le animaron a hacerla en verso, nos dice, «enamorados (con justa razón) de la dulcedumbre del verso con que Don Alonso de Ercilla celebró las guerras de Chile». En 1589 se publicaron en Madrid *Elegías de varones ilustres de Indias.* Tres siglos después, en 1886, se publicó la *Historia del Nuevo Reino de Granada,* que es, en realidad, la parte IV de las *Elegías,* inédita hasta entonces. Y en 1921 se editó en Madrid el *Discurso del Capitán Francisco Drake,* recién hallado, que es también una parte de la obra mayor.

Escribió además una *Vida, muerte y milagros de San Diego de Alcalá,* que nunca fué impresa y se tiene por perdida.

Como se ve, con la excepción de esta última, toda la obra de Castellanos se reduce a sus extensas *Elegías.* Esta vasta obra, acaso la más larga escrita en versos en ninguna literatura, que comprende desde los descubrimientos de Colón y la conquista de las Islas hasta la historia de las fundaciones de Venezuela y Nueva Granada, ha sido vista siempre con algo de burlona curiosidad. Los más se han detenido en sus dimensiones excesivas, o en lo sordo, rudo y prosaico de sus versos. No es ciertamente grande su valor poético; pero, en cambio, es uno de los libros de su género más veraces, escritos con mayor don narrativo, con mejor sentido de ambiente, los sucesos y las circunstancias y con más altura y amplitud de visión.

Supo ver y decir el Beneficiado de Tunja; tuvo curiosidad y gusto para la Naturaleza y para los indígenas americanos. Sus indios verdaderos, como su flora y su fauna. Tan sólo sus trabajosos versos lo alejan de alcanzar la calidad de Bernal Díaz.

Hombre formado en la vida, y no en las aulas, es un buen ejemplo del gusto por las letras que había en muchos de los conquistadores. El mismo nos habla de los poetas que había en las Antillas y de lo mucho que se debatía entonces sobre las respectivas ventajas de los metros tradicionales y del endecasílabo a la italiana.

El más notable de los imitadores criollos de Ercilla es el chileno Pedro de Oña (1570-1643), curiosa figura de poeta y de humanista, nacido al fragor de la lucha con los araucanos, nutrido de letras clásicas, en cuya larga vida y extensa obra poética se refleja el paso de la influencia renacentista de la conquista al gusto culterano de la colonia.

Nació Oña, cerca de 1570, en los Infantes de Engol, puesto militar avanzado en territorio araucano. Su padre fué el conquistador Gregorio de Oña, natural de Burgos, muerto en combate con los indios en 1570. Su madre fué la dama española Isabel de Acurcio.

Poco se sabe de su vida. En la niñez aprendió la lengua de los araucanos. En la adolescencia pasó a estudiar a Lima. Para 1590 era «colegial del real Colegio Mayor de San Felipe y San Marcos» de esa ciudad. Por 1592 debió de graduarse de bachiller. Estuvo en Quito con las fuerzas enviadas a pacificar la sublevación contra el impuesto de Alcabalas. Estudió Derecho y Teología en Lima y se graduó de Licenciado en fecha desconocida.

Fué protegido del Virrey Don García Hurtado de Mendoza, el de *La Araucana*, quien lo nombró Corregidor de Jaén de Bracamoros. Se sabe que para 1602 estaba en Lima, ciudad en la que residió lo más de su vida. En 1635 se encontraba en el Cuzco. Debía de tener entonces sesenta y cinco años. Nada se sabe de sus ocupaciones de ese tiempo ni de la fecha exacta de su muerte.

Al frente de su primera obra aparece su retrato a la edad de veinticinco años: fino rostro, ovalado, salpicado de lunares; barba en punta, retorcido bigote, gruesos labios, grandes ojos y pobladas cejas. No parece un español puro.

Su primera obra es el *Arauco Domado* (1596), y está destinada ostensiblemente a ensalzar los méritos de Don García, como reparación por el desdén con que pareció tratarlo Ercilla. («Ver que tan buen autor, apasionado, / os haya de propósito callado.») Lo dedica a Don Hurtado, el hijo del Virrey celebrado.

No sólo es obra de juventud, sino también escrita con mucha premura. El autor alude repetidas veces a la prisa con que trabajaba. El estudiante asoma en el tono libresco de los motivos y en el recargamiento de lo mitológico y lo alegórico.

La obra comprende, en sus diecinueve cantos, las guerras de Arauco hasta la batalla de Bío Bío, e interpola al final los episodios del motín de Quito y la derrota del corsario inglés Aquiles (Hawkins). Las octavas ostentan un nuevo tipo de rima: *abbaabcc*.

Su propósito de imitar a Ercilla es obvio y confeso. Quiere «ir al olor de su rastro», y es tanto lo que puede el modelo, que este criollo, nacido entre la magnificencia de la naturaleza austral, criado entre los indios araucanos, cuya lengua hablaba, y que se decía movido por el «deseo de hacer algún servicio a la tierra donde nací (tanto como esto puede el amor de la patria)», se olvida de esa Naturaleza y de esos hombres para ver, en su lugar, héroes y paisajes virgilianos. Sus árboles, bestias y pájaros son europeos.

Pero lo que para Ercilla, español del Renacimiento, era asunto nuevo y escaso, que había que completar y realzar con la invocación de las glorias de Lepanto y San Quintín, ya es para Oña, su seguidor, «materia tan alta» que se excusa con ella de las fallas de su canto.

No se parece a Ercilla en la fuerza épica ni en el poder descriptivo. Está más a tono en lo lírico y en lo eglógico. Lo mejor de su poema es la descripción idílica del baño de Caupolicán y Fresia, en el canto V. Pero, aunque es falso, más que Ercilla, en la apreciación de la realidad, los sentimientos y las expresiones, comparte con él la intuición moral y estética del hecho americano.

El *Arauco Domado* se editó por primera vez en Lima. Por haber salido sin la aprobación del Ordinario Eclesiástico, fué recogido el libro y procesado el autor. La segunda edición, hecha en Madrid en 1605 por Juan de la Cuesta, el impresor del *Quijote,* procuraron hacerla recoger apoderados de la ciudad de Quito, agraviada por lo que el poema narra del motín. El verso es sencillo, no falto de fluidez, y a veces sube a regiones de verdadera poesía. Mejora la calidad en sus obras posteriores, hechas sin tanta prisa y más a gusto.

En 1609 publicó en Lima el *Temblor de Lima,* y en 1629, en Sevilla, el *Ignacio de Cantabria,* obra de hondo tono religioso, que el autor considera la mejor de las suyas, cuya segunda parte, como la del *Arauco,* ni fué publicada ni se conoce.

Al pasar de lo renacentista a lo barroco, gana Oña en calidad poética. La última de sus obras conocidas, el poema heroico en once cantos *El Vasauro,* que fué concluído en 1635, está enteramente dentro de la forma culterana, desde los mismos versos iniciales:

> *La grave, dime, pompa, el culto regio*
> *con que la Majestad mayor terrena*
> *El áureo vaso envía...*

El mexicano Antonio de Saavedra Guzmán, hijo de uno de los primeros pobladores de la Nueva España, fué hombre dado a la literatura y a la Historia y tuvo el privilegio de ser el primero de su nación que imprimiera un libro de versos.

A fines del siglo XVI pasó a España, y en los setenta días de la travesía compuso las sordas octavas de los veinte cantos de *El peregrino indiano,* que se publicó en Madrid en 1599 con sonetos laudatorios de Lope de Vega y de Espinel. Describe la conquista de México por Cortés, en líneas rimadas desnudas de toda poesía.

Más sabor histórico, pero no mejor calidad literaria, tiene el poema *Argentina y conquista del Río de la Plata,* en veintiocho cantos, publicado en Lisboa en 1602. Su autor fué el clérigo extremeño Martín del Barco Centenera, quien pasó a las Indias en 1572 con el cargo de Arcediano del Río de la Plata en La Asunción. Fué hombre de muchas y poco edificantes aventuras.

Es el primero que, en lenguaje poético, da aquella región el nombre de Argentina. La parte histórica peca de exagerada credulidad.

Tras de estos opacos cronistas rimados asoma una gran figura literaria, que, como la de Ercilla, pertenece a España y a América, pero más americana que la de éste. Tal es la de Bernardo de Balbuena (1562-1627).

Es americano Balbuena por su vida. Nació en Valdepeñas, España, hijo ilegítimo de Bernardo de Balbuena y de Francisca Sánchez de Velasco, durante una corta permanencia de su padre en España, quien era indiano de vieja data, avecindado en la Nueva España.

Muy niño fué traído a México, a vivir al lado de su padre. En México se formará, aprenderá la lengua mexicana, estudiará, se hará sacerdote, realizará casi toda su obra literaria y permanecerá hasta después de cumplidos los cuarenta años. En España no hizo sino una corta residencia, entre 1607 y 1610, durante la cual se recibió de Doctor en Teología en Sigüenza.

El resto de su vida la pasó en las Antillas. Diez años de Abad de la isla de Jamaica y nueve años de Obispo de Puerto Rico, a cuya mitra estaban incorporadas las provincias de Margarita, Santo Tomé y Cumaná, en Tierra Firme. En el saqueo de Puerto Rico en 1625 por los holandeses fueron destruídos o se perdieron los más de los papeles de Balbuena y, al parecer, algunas obras inéditas. Murió en su silla episcopal en 1627, rico, venerado y famoso.

Es también americano Balbuena por su obra. Ya Menéndez y Pelayo reconoció que «es en rigor el primer poeta genuinamente americano, el primero en quien se siente la exuberancia y desatada fecundidad genial de aquella prodigiosa naturaleza».

Balbuena es uno de los mayores poetas de su tiempo por la calidad del verso, por la extraordinaria riqueza de la imagen y por el torrentoso poder de la imaginación.

Las obras que nos quedan de él son tres. En su orden de composición, que es el exactamente contrario al de su publicación, son: el poema heroicofantástico *El Bernardo;* la novela pastoril con poesías intercaladas *El siglo de oro en las selvas de Erifle,* y, por último, el poema descriptivo *Grandeza mexicana.*

El Bernardo o Victoria de Roncesvalles fué publicado en Madrid en 1624. Hay quienes suponen, con algún fundamento, que debe existir otra edición anterior a 1615. Fué concebido y comenzado en su adolescencia, casi como un ejercicio de retórica. Su autor debió seguir trabajando en él por mucho tiempo. En 1609 ya estaba listo para la publicación.

Inspirado en Ariosto, Boiardo y Tasso, el autor crea una desmesurada fantasía, en que el tema caballeresco pasa a segundo plano y en la que se acumulan todos los temas y las visiones sobre los hechos fabulosos de Bernardo del Carpio, a quien se atribuye, en la leyenda, haber dado muerte a Roldán en el desfiladero de Roncesvalles. El largo poema tiene veinticuatro cantos y cinco mil octavas reales.

Los modernos críticos literarios están acordes en considerarlo como uno de los más extraordinarios ejemplos del estilo barroco en literatura. Sería muy importante hacer el estudio de las fuentes estilísticas del *Bernardo,* porque el conocer cómo un mozo indiano, en las soledades de Guadalajara, pudo sentir y contribuir a crear lo que Pfandl llama «el colectivismo estético del sentimiento barroco», arrojaría inmensa luz en la historia de la formación del alma criolla.

El siglo de oro en las selvas de Erifle es una novela pastoril, la única compuesta en Indias, que, según confiesa su título, es «agradable y rigurosa imitación del estilo pastoril de Teócrito, Virgilio y Sanazaro». Son notables por su belleza y perfección poéticas muchas de sus églogas. Fué publicada en Madrid en 1607.

En 1604 fué impresa en México la *Grandeza mexicana*. Es un poema descriptivo de la ciudad, escrito en «terza rima» dantesca, dividido en ocho capítulos y un epílogo. Está concebido en forma de carta a Doña Isabel de Tobar y Guzmán, viuda que quería venir a la capital para profesar en un convento y había pedido a Balbuena algunas informaciones.

Es una de las primeras y más hermosas loas líricas de la existencia y la naturaleza hispanoamericanas. Con una culterana acumulación de imágenes y rasgos pinta abundantemente la ciudad magnífica, sus paseos, sus galas, sus caballos, y deja un deslumbrante eco de esplendor en quien la lee. La poesía descriptiva, tan característica de la literatura hispanoamericana, tiene aquí una de sus más vivas fuentes.

También en América se escribe lo que se considera como la más alta expresión de la poesía épicorreligiosa en lengua castellana. *La Christiada,* poema en doce libros y en octavas reales, que canta la pasión y muerte de Cristo.

Lo compuso el dominico Fray Diego de Hojeda (1571-1615), quien nació en Sevilla; pero llegó a Lima antes de los veinte años. Allí profesó en la religión de Santo Domingo, allí se formó intelectualmente, allí concibió y escribió su obra literaria y allí murió, discurriendo su vida entre Lima, el Cuzco y Huánuco, entre indios, criollos y paisajes de la cordillera. La obra debió estar terminada antes de 1609 y fué publicada en Sevilla en 1611. No obtuvo en su tiempo la fama que merecía.

Quintana la reeditó a comienzos del siglo xix, y desde entonces la crítica la ha exaltado hasta ponerla en parangón con las obras de Milton y de Klopstock. Tiene pedazos de insuperable belleza, donde el poder descriptivo y la emoción del sentimiento se alzan juntos, en versos perfectos. Pero es desigual. Cae a ratos en prosaísmos, en excesiva verbosidad, en elucubraciones escolásticas.

Hay que bajar mucho desde las alturas de Hojeda para hablar de otros poemas narrativos donde el eco de Ercilla se sigue repitiendo sobre temas de la historia americana.

Acaso el menos desdeñable de éstos sea el conocido con el nombre de *Armas antárticas,* poema en veinte cantos y mil seiscientas noventa y ocho octavas reales, que trata de la conquista del Perú y que permaneció inédito hasta 1921.

José Toribio Medina supone, con buenas razones, que su autor sea Juan de Miramontes Zuázola, soldado de cuya vida casi nada se sabe, y que se escribiese en Lima entre los años de 1608 y 1615.

Tiene la curiosidad de narrar con extensión la leyenda incaica de Curi-Coyllor, que es una variante de la que sirve de tema al famoso drama quechua *Ollantay.* Su verso es frío y pesado; pero, sin embargo, sobrepasa en mucho a los comunes autores de crónicas trabajosamente rimadas.

De éstos hay que nombrar, más que por el interés histórico que tienen que por ningún mérito poético, a los siguientes:

El Capitán Gaspar de Villagrá, quien en 1610 publicó en Madrid, en treinta y cuatro cantos en verso suelto, que es más bien prosa farragosa en ringlera, una *Historia de la Nueva México,* en la que llega hasta a intercalar cédulas y otros documentos.

El Capitán Hernando Alvarez de Toledo, andaluz, soldado, poeta y encomendero. En 1581 vino a Chile.

Fué Alcalde de Chillán. Es probable que muriese en Santiago hacia 1631. El *Purén indómito,* nueva relación de las guerras de Arauco, es la única obra que ha quedado de él. Es una crónica rimada en quince mil versos y veinticuatro cantos, llana, sin unidad y sin asomo de poesía.

Melchor Xufré del Aguila, de Madrid. Otro Capitán. Desde 1590 residió en Chile por cuarenta años, presenciando o tomando parte en muchos sucesos históricos. Retirado «en campesina ociosa soledad», se puso a escribir en detestables versos lo que conocía. Este es el poema *Compendio historial del descubrimiento, conquista y guerra del Reyno de Chile,* que se publicó en Lima en 1630.

Juan de Mendoza Monteagudo, soldado y letrado nacido en Chile. Se le supone autor del poema *Las guerras de Chile,* que permaneció inédito hasta 1888 y que debió ser escrito en los primeros años del siglo xvii. Por el plan, se acerca más a los modelos épicos que los más de sus similares. La versificación no es pesada, pero fría. Tiene interés histórico.

Habría que añadir a esta lista *Los actos y hazañas valerosas del Capitán Diego Hernández de Serpa,* en abominables versos sueltos, compuesto a mediados del siglo xvii por Pedro de la Cadena, vecino de Zamora, en Quito.

No toda la poesía narrativa colonial se refiere a los hechos de la conquista. Otros temas solicitan a otros poetas, que no son de los menos notables.

Su propia vida disipada y su ulterior enmienda y penitencia en un convento es lo que narra Luis de Tejeda (1604-1680), nacido en la ciudad de Córdoba del Tucomán, a quien se le tiene por el más antiguo poeta de la Argentina. Este relato alegórico y autobiográfico, que se conoce con el nombre de *El peregrino en Babi-*

33

lonia, fué escrito, a partir de 1663, en el convento de
Santo Domingo, en Córdoba (Argentina), donde Tejeda
estuvo hasta su muerte. Se publicó en 1916. No sobresale como poeta. Es visible la influencia de Góngora y de
Quevedo.

El jesuíta colombiano Hernando Domínguez Camar-
go, quien murió mediado el siglo xvii, canta la vida del
fundador de su orden en el poema heroico *San Ignacio
de Loyola,* publicado póstumamente en Madrid en 1666.
Es una de las más altas realizaciones del gongorismo
americano, obra llena de destellos de verdadera poesía
y en la que la naturaleza tropical entra en fulgurantes
imágenes a enriquecer el cúmulo barroco del elogio al
santo.

Muy inferior a éste, como poeta, aunque le sobrepasa en delirio culterano, es el dominico vizcaíno Fray
Diego Sáenz Ovecurí, quien vivió en Guatemala, y allí
compuso y publicó, en 1667, su poema *La Thomasiada.*
Es una de las más extravagantes obras creadas por el
gusto de su tiempo. Es a la vez desarticulada enciclo-
pedia de erudición caótica y museo de caprichos retó-
ricos en honor de Santo Tomás de Aquino. El autor se
vanagloriaba de haber empleado todas las combinaciones métricas posibles en castellano.

Ya en la segunda mitad del siglo xvii, la vena de
la poesía épicohistórica, abierta por *La Araucana,* parece exhausta. Los pesados cronicones en verso, que son
su último eco, van escaseando.

Sin embargo, todavía en el siglo xviii, el curioso polígrafo limeño Pedro de Peralta Barnuevo, hombre de
infinita curiosidad y de variadísima obra, escribe una
final y culterana *Lima fundada o conquista del Perú,*
que se publica en 1732. Es obra vasta, cargada de eru-
dita historia, pero en la que ya no queda de la poesía
sino formal y hueca sonoridad.

OTROS ANTECEDENTES

La novela hispanoamericana comienza propiamente con el siglo XIX. Nace en la gran conmoción social de la época de la independencia; es un vehículo en que las nuevas ideas pretenden llegar al pueblo, y está concebida, en gran parte, como un instrumento de lucha política. Estos rasgos, que son los de la obra de Fernández de Lizardi, su verdadero iniciador, caracterizan lo principal de la novela hispanoamericana del siglo XIX.

Pero no es enteramente exacto decir que con Fernández de Lizardi nace la novela criolla. Había habido antes tentativas aisladas, algunas de las cuales no desprovistas de valor, y había existido, desde los orígenes, la rica materia novelesca de la vida americana desbordando de las crónicas coloniales coloridas y farragosas. Vida contrastada de indios, españoles, negros y mestizos, rica en conflictos, y presencia de un mundo natural que atrae y avasalla con su desmesurada grandeza.

Sabor novelesco tienen las más de las crónicas y de las historias de la conquista y de los primeros establecimientos. Pululan en sus páginas seres vivos y aventuras impresionantes o amenas. Materia novelesca hay en las cartas de Cortés, en la historia de Fernández de Oviedo, en la viva relación de Bernal Díaz, en las monótonas rimas de Juan de Castellanos, en las páginas de Oviedo y Baños.

A veces la amenidad narrativa, el retrato social y el

calor de la confidencia llegan casi a la frontera de la novela, como en el caso famoso de *El Carnero,* de Juan Rodríguez Freyle, que es un delicioso retablo animado de la vida de Santa Fe de Bogotá en los primeros tiempos coloniales; o el no menos grato y rico del quiteño Fray Juan de Velasco, cuya *Historia del Reyno de Quito,* escrita en el siglo XVIII, está llena de vida novelable.

Hubo otras obras, que, en lo general, tratan de aventuras reales, pero en las que la unidad del relato y hasta el tono se acercan a la ficción. De este tipo de obras, las más notables y conocidas son las siguientes:

El cautiverio feliz, de Francisco Núñez de Pineda Bascuñán (1607-1682), soldado chileno que cayó en poder de los araucanos, a quienes describe con simpatía y afecto, intercalando con poesías las aventuras y sucesos de que fué testigo.

Los infortunios de Alonso Ramírez, publicados en 1690 por el erudito mexicano Don Carlos de Sigüenza y Góngora, es la narración, con no poco de fantasía, de la vuelta al mundo que, juguete de imprevistos acontecimientos, realizara un criollo de su tiempo.

Las aventuras de un indio prisionero de los españoles es lo que narra en el desordenado relato barroco de 1693 *Restauración de la Imperial,* el mercedario chileno Juan de Barrenechea y Albis (?-1707).

Pero hay otras obras que entran de manera más formal dentro del género novelesco. Fueron tentativas aisladas de espíritus cultos.

La más notable es, sin duda, *El siglo de oro en las selvas de Erifle,* publicada en 1608 por Bernardo de Balbuena. Es una novela pastoril, imitada de Sanazaro, escrita con refinado gusto, cuajada de hermosas églogas; pero ajena por entero al mundo americano y a su literatura.

Pastoril también es la obra piadosa que compuso en 1620, con el nombre de *Los sirgueros de la Virgen sin original pecado,* el bachiller mexicano y cancelario de la Universidad Francisco Bramón.

Fuera de estos dos ejercicios académicos del género pastoril no hay más novela formal.

En 1773 aparece en el Perú un libro muy curioso y muy de su tiempo. Bajo aspectos simples, está lleno de ironía y malicia. La verdad y los propósitos están en él ocultos o disfrazados. Ni el título, ni el autor, ni el pie de imprenta son exactos.

Aparece como autor Calixto Bustamante Carlos Inca, alias *Concolocorvo,* quien se las da de indio ladino y nos resulta un culto y hábil escritor. Se titula *El lazarillo de ciegos caminantes desde Bueno Aires hasta Lima,* y en lugar de darnos un itinerario del áspero viaje, lo que parece es querer abrir los ojos de sus coloniales lectores a la contemplación crítica de las duras relaciones sociales y políticas. Aparece con pie de imprenta de Gijón, y es seguro que fuera publicado en Lima.

El lazarillo es un próximo pariente de la novela picaresca. Su tono, sus personajes, su ambiente son de la picaresca. No le falta sino la trama novelesca alrededor de la autobiografía del pícaro.

Su propósito satírico y subversivo es ostensible. Su verdadero camino es el que lleva a la independencia. Es un alegato crítico, disimulado en un escenario de picaresca, pero sin llegar a la novela.

El alegato convertido en novela, la filosofía racionalista insertada en la forma de la novela picaresca, que es el paso siguiente, es el que realiza Fernández de Lizardi, y con él da su primera manifestación vigorosa y caracterizada la novela criolla.

LA PRIMERA NOVELA

La primera novela propiamente dicha que se escribe en Hispanoamérica es el *Periquillo Sarniento*, del mexicano José Joaquín Fernández de Lizardi (1776-1827), y, significativamente, surge de un modo accidental, como una evolución o un subterfugio del periodismo político impuesto por las circunstancias.

Su creador es un hombre típico de la ilustración criolla. Había nacido en México, en la modesta familia de un médico de pueblo que se había radicado en Tepezotlán. Allí pasó su niñez, y cursó sus primeros estudios en el Seminario de los jesuitas. Más tarde, regresó a México a estudiar latín. No pudo terminar sus estudios y no llegó siquiera a alcanzar el título de bachiller. La pobreza de sus padres debió obligarle desde muy joven a buscar actividades que le asegurasen el sustento. Es ésa la época y la circunstancia en que comienza a familiarizarse con la vida popular de la capital mexicana. Conoce los léperos, los campesinos, sus costumbres, su lenguaje. En no pocas ocasiones debió vivir con ellos y confundirse con ellos. También en esa época juvenil debió comenzar su pasión de lector insaciable a meterlo por las desconocidas y vedadas rutas del racionalismo francés, directamente, y a través de los divulgadores españoles, especialmente Feijoo. En esas lecturas descubre a Rousseau, cuyas ideas pedagógicas van a constituir la base de su credo reformista.

Sus tiempos son precisamente los muy presagiosos

y conmovidos de la crisis del Imperio español en América. Tiempos de cambios, de revolución y de pugna, en los que él se siente llamado a intervenir como propagandista y difusor de las nuevas ideas del enciclopedismo.

Ya desde 1811 comienza a publicar sus primeros folletos de versos satíricos. En 1812, en uso de la libertad de pensamientos otorgada por la efímera Constitución de Cádiz, publica su primer periódico, *El pensador mexicano*. Allí se aventura a defender la libertad, a combatir las supersticiones, a divulgar la nueva ciencia y hasta a criticar algunas providencias del Virrey. Estas censuras lo llevan a la cárcel, donde su carne estuvo más flaca que su espíritu. En 1814 queda abolida la fugaz libertad de Imprenta, con la restauración de Fernando VII, *el Deseado,* en el trono de España. En el muy estrecho margen que queda, trata Fernández de Lizardi, a quien ya muchos le dan el nombre de su antiguo periódico, *El pensador mexicano,* de mantener viva la pequeña luz de su propaganda. Es lo que procura hacer en 1815 en su nuevo periódico *Alacena de frioleras.* Los tiempos son difíciles para el periodismo político y de propaganda de ideas. Las autoridades coloniales van apretando el cerco en torno a la pequeña luz.

El periódico va a desaparecer. Cuando la disyuntiva de tener que permanecer en silencio y abandonar por entero su labor crítica y su divulgación reformista se plantea de un modo definitivo, Fernández de Lizardi toma la decisión más importante de su vida. No va a continuar haciendo su propaganda en periódicos, sino que, en lo sucesivo, la disimulará entre las aventuras y diálogos de una novela por entregas, que por su mismo carácter podrá pasar más inadvertida a los ojos de los censores.

Para escribir su novela por entregas unirá la propaganda de las ideas racionalistas del siglo xviii y la técnica de la novela picaresca castellana. La novela picaresca, desde su origen, en el siglo xvi, en *El lazarillo de Tormes*, había tenido un carácter satírico y reformista. Tenía, además, un ejemplo más cercano y muy famoso de la unión de las dos tendencias en el muy leído *Gil Blas de Santillana*, de Lesage, que el Padre Isla había convertido en la novela por excelencia de los criticistas españoles de la ilustración.

En 1813 comienza a publicarse por entregas *El Periquillo Sarniento*. Es, en verdad, un periódico político disfrazado de novela. El propósito determinante que ha movido a su autor no es el de escribir una novela, sino que, por el contrario, se ha visto obligado a escribir una novela para poder continuar en alguna forma la divulgación de sus ideas reformistas. El reformista político, que será una de las más acentuadas características de la novela hispanoamericana, aparece así de un modo determinante desde el momento mismo de su nacimiento.

El Periquillo es una descripción de la sociedad mexicana en el momento en que el Imperio colonial agoniza. Según el modelo de la picaresca española, está escrito en primera persona y es el propio héroe quien, al final de su vida y arrepentido de sus malandanzas, narra sus aventuras y caídas con un reiterado propósito moralizante.

Las descripciones son de un realismo exacto y abundante, hasta el punto de que la novela tiene un gran valor documental para conocer la vida de la época. El lenguaje de las clases populares está reproducido con una fidelidad irreprochable. Cada clase social se expresa en su propia manera de hablar. En cambio, sus caracteres, en general, no tienen existencia indiviual. No son individuos tomados de la realidad, sino tipos abstractos. Carecen de verdad psicológica.

La acción de la novela y la verdad psicológica de los personajes están supeditadas constantemente a las necesidades del autor de ponerlos al servicio de su propaganda y de su crítica. En mitad de un animado cuadro de costumbres, un personaje se enfrascará en una larga explicación de la mecánica de los eclipses, y en el dramático momento de la muerte, el personaje romperá la armonía y verosimilitud del cuadro con una demostración científica del mecanismo de la faringe y la laringe y del grave inconveniente de suministrar tomas a los agonizantes. Las interpelaciones son constantes. Es el periódico político que trata de aparecer al través de la prestada forma de la novela.

Así nace la primera verdadera novela hispanoamericana. Obra de un periodista político y de un propagandista de ideas reformistas, que, durante una afanosa vida de cincuenta y un años, atenazado por la pobreza, sacudido por los vaivenes políticos, halló tiempo para publicar cinco periódicos, más de doscientos cincuenta folletos de diálogos y divulgaciones populares y cuatro novelas.

Sus otras novelas carecen de la importancia histórica y del valor literario del *Periquillo*. Son *La Quijotica y su prima*, publicada en 1818, donde la trama y el diálogo no tienen otro objeto que explicar y ejemplarizar el sistema pedagógico de Rousseau. *Don Catrín de la Fachenda*, que permaneció inédito hasta 1832, y que es también un relato de tipo picaresco; pero que, en lugar del pícaro tradicional, presenta como personaje al *catrín* o pisaverde de la época. Y *Las noches tristes y día alegre* (1818), en la que sigue las huellas de Cadalso.

Escribió también fábulas bajo la influencia de Samaniego y algunas obras de teatro truculento, inspiradas en las obras de figurón y de máquina que estuvieron de moda en España en la época de Carlos IV.

De todo cuanto escribió queda en pie y vivo *El Periquillo*, por todo cuanto supo poner en él de vida, de verdad y de creación. Lo que debía ser el transitorio disfraz de un periódico político, resultó ser la primera novela hispanoamericana de valor permanente, y en la que algunos de los rasgos que habrán de caracterizar por largo tiempo al género quedaron fijados.

Para su tumba, que había de perderse, el propio Fernández de Lizardi compuso este epitafio: «Aquí yacen las cenizas del pensador mexicano, quien hizo lo que pudo por su patria.» A más de un siglo de su muerte, en honor de su memoria de precursor, podemos decir que fué mucho lo que hizo y mucho lo que pudo.

EL SIGLO XIX

EL SIGLO XIX

Los comienzos de la novela hispanoamericana en el siglo XIX tienen algo de azariento y de discontinuo. Fernández de Lizardi escribe su *Periquillo* al calor de la lucha de la independencia mexicana. Su novela parece un pretexto para sembrar ideas nuevas y enseñanzas de progreso. Más tarde, en la emigración argentina en Montevideo, surge la *Amalia,* de José Mármol, arma antirrosista escrita en tono de relato históricorromántico. Después, ya mediado el siglo, florece en Colombia la *María,* de Isaacs. Y entre estas grandes realizaciones se escriben idilios indianistas, reconstrucciones históricas y se inicia el realismo.

Podría decirse a primera vista que la novela de esa época brota de individualidades aisladas, al azar de influencias extranjeras.

Pero esta afirmación es incompleta y sólo apunta a un aspecto de la verdad. Es cierto que hay influencias de escuelas. Pero esas influencias no se ejercen con el imperio que tuvieron en las literaturas europeas coetáneas, ni llegan a excluir la coexistencia de otras, no sólo distantes, sino hasta contradictorias.

Hay, ciertamente, una hora en que lo romántico predomina. Algunas obras son servil y cabal imitación del modelo extranjero. Son generalmente las menos valiosas. Pero en las obras más importantes del período, lo romántico se conjuga con otros elementos tradicionales e incluso con rasgos realistas.

51

Y el caso es igual en las otras tendencias. Por eso no puede explicarse de un modo satisfactorio la evolución de la novela hispanoamericana ateniéndose meramente a la cronológica sucesión de la influencia de las escuelas europeas. De ser así, la novela americana carecería de carácter y no sería otra cosa que estéril imitación.

La verdad es que tiene un carácter propio, y que ese carácter se manifiesta en las distintas individualidades aisladas y al través de las diversas y sucesivas influencias venidas de fuera.

Ese carácter es lo que predomina en la obra, por sobre la influencia, y lo que se transmite y perdura cuando la influencia ya ha concluído y ha sido reemplazada por otra.

Si analizamos en conjunto la novela hispanoamericana del siglo xix, aparecerá un rasgo, que es, sin duda, el que le da unidad y carácter. Ese rasgo es la tendencia a concebir la novela como una sucesión de cuadros de costumbres, a buscar y destacar lo pintoresco, lo curioso, lo típico en la realidad. No toda la vida, no toda la realidad, sino la vida pintoresca, la realidad peculiar. A falta de mejor palabra y sacando el vocablo de su empleo genérico, podríamos llamar este rasgo *costumbrismo*.

Está en *El Periquillo*, está en *Amalia*, está en *María*. Está en las novelas históricas que pretenden imitar a Walter Scott, y está, con mayor abundancia, en las obras realistas.

Por eso, si fuéramos a distinguir tendencias dentro de la novela hispanoamericana del siglo xix, tendríamos que destacar en primer término su costumbrismo, y frente a éste, señalar las pasajeras tendencias o influencias a las que se incorpora o a las que se incorporó.

Ese costumbrismo refleja, sucesiva o combinadamente, según los casos, dos influencias: una es la del realismo tradicional español, y en especial el de la picaresca, como lo vemos en Fernández de Lizardi; la otra es la del gusto por el cuadro de costumbres que el romanticismo extendió copiosamente por España y por América. Muchas novelas no fueron sino colecciones de cuadros, de costumbres, hilvanados por una tenue acción o por la continuidad de un personaje.

Es, en suma, una tendencia realista, a la que se van superponiendo influencias y gustos sucesivos. Sobre el realismo picaresco del comienzo se añaden y sobreponen las mezcladas influencias de los cuadros de costumbres, de la novela folletín a lo Dumas, Sué y Fernández y González, de la tendencia cíclica de Balzac, del realismo español de la segunda mitad del siglo xix (Galdós, Valera, Pereda), y, por último, ya al final del siglo, del realismo cientifista que los franceses llamaron naturalismo. Todo esto se sobrepone sucesivamente y se conjuga dentro de esa tendencia realista. En el extremo opuesto, por influencia romántica europea, aparece un tipo de novela sentimental e idílica de personajes irreales y de ambiente convencional. En sus manifestaciones más genuinas no produce obras importantes ni dura mucho tiempo. Sus modelos más visibles son Bernardin de Saint Pierre, en *Pablo y Virginia,* y Chateaubriand, en *Atala.*

Pero tiende a combinarse con la otra tendencia, y de sus varias combinaciones surgen algunos interesantes grupos de novelas, tales como la indianista, la histórica, la folletinesca o de aventuras. La novela idílica pura es generalmente corta. Se aproxima a la leyenda o al idilio. La histórica y la folletinesca son, por lo general, extensas.

El grupo de la novela indianista participa de la sentimental y de la histórica. Las que se inspiran en la *Atala,* de Chateaubriand, son, por lo general, de tipo idílico. Pero hay también un numeroso conjunto de novelas de tema indio inspiradas en los modelos de la novela históricorromántica, en especial en las de Walter Scott.

La novela histórica no sólo toma el pasado indio como tema, en especial en México, sino que relata la época colonial y hasta los hechos recientes. Esta última ma es la que más se acerca a la técnica de los folletinistas.

Estos grupos o tendencias no se hallan separados. Son raros los casos en que esto sucede. Lo común es que las influencias y tendencias se mezclen y fusionen en una misma obra. El hecho de clasificarla en un grupo no es, muchas veces, sino el resultado de una abstración crítica, o el señalamiento de una característica predominante, pero no única.

Sin embargo, para la comodidad de la clasificación, conviene distinguir una tendencia romántica y una tendencia realista.

La tendencia romántica predomina en los dos primeros tercios del siglo xix, pero contiene y utiliza todos los elementos realistas del costumbrismo y aun no pocos tradicionales.

Abunda en ella el elemento sentimental e idílico y es grande la influencia de la novela históricarromántica. No pocos llegan a aplicar el método de la novela histórica a los hechos contemporáneos, como lo hace Mármol en *Amalia.*

Muchos siguen a los prolíficos y farragosos folletines franceses y españoles.

Dentro de la tendencia romántica, fuera de las puramente sentimentales, poco importantes y escasas, pueden señalarse dos grupos muy característicos de novelas: las que, sobre temas contemporáneos o del pasado, siguen la forma de la novela histórica, y las que toman por tema el indio, para narraciones idílicas o reconstrucciones del pasado. Un indio idealizado, simbólico, que casi nunca está observado en la realidad.

La tendencia realista, que predomina en el último tercio del siglo, tampoco es pura. Es un realismo costumbrista que conserva numerosos elementos románticos. Recibe primero la influencia del realismo francés (Balzac) y más tarde la del español (Galdós, Valera).

La inclinación a considerar la realidad con ojos de costumbrista traía apareada el carácter satírico. El realismo hispanoamericano es satírico y reformista. La propensión a concebir la novela como un medio de reforma social y de lucha política, que viene desde Lizardi y que se mantiene en algunos de los románticos, se reafirma plenamente en el período de predominio del realismo. Al final del siglo aparecerá, también impura y mezclada, la tendencia naturalista que se propondrá darla un tono científico a la técnica realista y hacer de la novela una especie de laboratorio para el estudio experimental de los males sociales.

Durante esta época, que abarca casi todo el siglo y que concluye al aparecimiento del modernismo, la novela hispanoamericana va tomando forma y definiendo algunas de sus características más genuinas.

Seguirá las influencias y modas extranjeras, pero de un modo propio y asimilativo, incorporándolas a su ser y mezclándolas con otras anteriores y hasta contrarias.

Se definirá también su tendencia reformista, su actitud crítica y partidaria y sus propósitos extraliterarios de orientación y de instigación.

Y comenzará a cobrar importancia en ella la descripción de la Naturaleza; la concepción de la Naturaleza como personaje que habrá de realizarse plenamente en etapas posteriores. Empieza ya a ser la novela propia de un mundo en que la Naturaleza es más importante que el hombre, que la considera como su enemiga. Ya en una novela como *María* el paisaje es personaje central.

LA NOVELA ROMANTICA

No merecen mención las novelas de puro tema idílico que se escribieron bajo la influencia romántica. Las más valiosas se realizaron con el tema indio, en la utilización del costumbrismo o en la reforma histórica.

Antes de tratar de las obras que con más propiedad pueden incluirse en el grupo histórico o en el indianista, hay que referirse a algunas, menos fáciles de clasificar, entre las que están las dos más famosas de su época.

El cubano Cirilo Villaverde (1812-1894) es cronológicamente la primera figura del romanticismo costumbrista. Abogado, profesor, periodista y emigrado político, publicó en la Habana, en 1839, la primera versión de su novela *Cecilia Valdés o la Loma del Angel*. La concepción de la obra es romántica. La protagonista es una especie de *Gitanilla* del popular barrio del Angel. El autor sigue a Walter Scott y a Manzoni. Pero la acción discurre entre cuadros de costumbres de un fuerte y sano realismo, que vienen a constituir un panorama de la vida habanera en la primera mitad del siglo XIX. En esta novela es visible la superposición de la tendencia romántica sobre el costumbrismo espontáneo, que va a ser característica de toda una época de la novela hispanoamericana.

El argentino José Mármol (1817-1871) vino a realizar la primera creación de dimensión perdurable dentro de la tendencia, con su novela *Amalia,* que ha sido una de las obras más populares de la literatura criolla.

Mármol fué uno de los famosos «proscritos» de la tiranía rosista, más conservador y menos afrancesado que los otros campeones de la Asociación de Mayo, fué a refugiarse a Montevideo en 1839. Allí realizó casi toda su obra, y lo más de ella inspirado por los ideales de la lucha contra Rosas. Para sus contemporáneos fué sobre todo famoso como poeta de combate. Sus grandes imprecaciones líricas al tirano mantenían el entusiasmo de la resistencia. Como poeta sufrió la influencia de su compatriota Echevarría, y las de Byron, Espronceda y Zorrilla, y, en menor grado, las de Hugo y Chateaubriand.

Su inclinación lo llevaba a ser un poeta de la Naturaleza, pero las circunstancias lo hicieron el bardo de una cruzada política. Había hecho también algún ensayo dramático en que es visible la influencia de Walter Scott.

En 1854 comenzó a publicar *Amalia* como folletín en *La Semana,* de Montevideo. En ella se conjugaban los temas de su lucha política, las influencias literarias románticas y el credo americanista de la Asociación de Mayo.

Amalia pretende ser el retrato del Buenos Aires de Rosas. Hay una acumulación de rasgos realistas que se proponen ese objeto. Pinta las modas, las maneras, los trajes, el mobiliario, los usos. Sobre este amplio fondo de costumbres se teje la acción romántica del idilio trágico y el panfleto político anti-rosista.

La pintura de Rosas, de su pintoresca corte, de su nocturna actividad, es magistral. El ambiente de misterio y de horror surge de rasgos psicológicos y plásticos muy certeros. En esto no hay quien aventaje a Mármol en su tiempo.

Toda la primera parte de la novela es un raro alarde de habilidad técnica. Se desarrollan en ella una serie de acciones simultáneas que ocurren durante la misma noche. Logra crear una dramática dimensión del tiempo.

Aunque el tema es contemporáneo del autor, está tratado a la manera de la novela histórica. Esto crea cierta impresión de lejanía y de impasibilidad que contrarresta la intención política del autor.

Esta larga noche de la primera parte es lo más novelescamente logrado de la obra. Era muy difícil guardar el equilibrio entre los tres elementos disímiles que el autor se proponía congujar: el idilio, el panorama social y el panfleto político.

Hay en la novela defectos que provienen de los modelos, y defectos propios del autor. De los primeros son: el gusto por las poéticas descripciones, la creación de personajes que personifican simplistamente el bien o el mal, la exageración de la nota sentimental, etcétera. De los otros son: el propósito político, que los lleva, a veces, a caer en el ensayo y en la oratoria; el recargamiento innecesario de descripciones y detalles, la desigualdad de la prosa.

Con *Amalia,* Mármol dió la primera verdadera novela hispanoamericana, aquella en que por primera vez los valores novelescos se sobreponen a las influencias y al simple costumbrismo. Va a ser por mucho tiempo inmensamente popular. Va a contribuir a crear la tradición del panfleto político en la novela, que tanto ha de durar en hispanoamérica.

Es lástima que, caído Rosas, Mármol colgara la pluma. Su obra de juventud pudo ser el preludio de más maduras y cabales creaciones.

La culminación de la novela sentimental y costumbrista a la vez ocurre en *María,* una de las obras más plenas y puras de la América española.

Su autor es Jorge Isaacs (1837-1895). Nació en el esplendoroso escenario del Valle del Cauda, en Colombia, de padre judío inglés y de madre colombiana. Aunque en su espíritu son visibles las huellas de la raza paterna, fué en todo un colombiano ejemplar de su tiempo. Tradicional como el que más y saturado de idealismo, de catolicismo y de exacerbación sentimental.

Su vida fué inquieta, aventurera y desventurada. Recibió la severa formación humanista de su tiempo y de su nación y los influjos del romanticismo académico que se cultivaba en Bogotá.

Casó muy joven y ganó pronto fama como poeta. Sus versos, hoy en merecido desdén, le abrieron las puertas de las más famosas tertulias literarias bogotanas. Era un tiempo de improvisadores, de romanticismo sentimental y superficial y de costumbrismo. Todas estas cosas se reflejaron en Isaacs.

A los treinta años había escrito *María.* El gran prestigio y popularidad de este libro le representó escasas satisfacciones morales y casi ninguna material.

Fué político, fué guerrero, anduvo en campañas y asonadas. En una ocasión depuso a un gobernante regional y asumió el poder por corto tiempo. Sus aventuras políticas fueron desgraciadas. Era liberal en una época de absoluto predominio conservador.

Fué cónsul en Chile por un tiempo, acaso el mejor y más sereno de su vida, y vuelto a Colombia se entregó a variadas actividades de agricultor y de minero, con el deseo de rehacer la fortuna que su padre no pudo legarle. En estos afanes lo alcanzó la muerte.

Escribió algunas otras obras en prosa y en verso, pero su gloria literaria reposa y habrá de reposar para siempre en *María.*

María, publicada en el año de 1867, es un idilio romántico. Es la historia de Efraim y de María en el marco maravilloso del Valle del Cauca y en el noble y dulce ambiente de una familia tradicional colombiana. Es una novela de sentimientos delicados y en conflicto, escrita con tal calor de emoción personal y de añoranza, que alcanza el tono de sinceridad de la confesión.

Está escrita en primera persona, y Efraim se parece demasiado a Isaacs. La hacienda es la de sus padres, el valle es el de su niñez, los padres de Efraim son los suyos; el judío inglés convertido, la madre colombiana. Los sucesos son los de la adolescencia de Isaacs, salvo en lo que se refiere al viaje a Europa. Muchos se han preguntado si no es enteramente autobiográfica la novela. El mismo Isaacs dió pie para ello cuando, en años posteriores, le dirigió el pintor colombiano Alejandro Dorronsoro, quien había pintado un retrato ideal de María, algunas observaciones sobre la inexactitud del parecido que implicaban el recuerdo de un ser real.

Es evidente que Isaacs ha leído a los románticos, en especial a Chateaubriand, y que influye mucho en él *Pablo y Virginia,* de Bernardín de Saint Pierre.

Pero nadie puede decir que esta gran novela sea una imitación. Su unidad, su espontaneidad, su autenticidad artística lo niegan. Con un tema de idilio, acaso sugerido por lecturas; con un sentido de la Naturaleza, acaso proveniente de otros libros, Isaacs escribió una obra profundamente americana y original.

Aquellos sentimientos no son falsos y convencionales como los de *Pablo y Virginia,* exóticos para la Francia de su hora. Eran la realidad más viva de la Colombia de Isaacs. Así se vivía, y se amaba, sin lecturas, en lo más de Hispanoamérica en aquel tiempo. Esa era la realidad sentimental y moral de los criollos, y por eso *María* llegó pronto a ser, más que una novela popular, el paradigma sentimental de un continente y de una época.

Tampoco la Naturaleza de Isaacs es el traslado de los grandes telones convencionales de Chateaubriand, sino la visión directa y penetrante del prodigio del valle del Cauca. Su sentimiento de la Naturaleza es genuino. No es un fondo decorativo sobre el que discurre la acción, sino una parte fundamental de ella, un elemento del drama, un personaje de primer plano y de influencia predominante. Y esto también es americano y no lo pudo aprender Isaacs en nadie.

La novela está escrita en breves capítulos o, por mejor decir, en intensos y cortos cuadros. Todos sus elementos están acordados y equilibrados para concurrir a la ley de gravitación sentimental que los rige. Abundan los cuadros de costumbres.

El idilio se teje entre el tema de la Naturaleza, exaltante y religioso, y el tema de una existencia apacible, patriarcal y virtuosa. A este efecto concurren todos los personajes y hasta los animales.

Todos ellos son auténticos y vivos. María, los padres, los campesinos, los esclavos, aquel pintoresco Emigdio que era una risueña nota de humor. Retrata las costumbres, pero no con los ojos del costumbrista pintoresco, sino como el ambiente necesario de sus personajes.

Entre lo poco que hay que repudiar en esta novela es su extensión. Hubiera ganado mucho con ser más breve y con suprimir ciertas prolijidades y repeticiones. También es de lamentar la interpolación innecesaria del relato de Linar y Nay. Aquella historia absurda de príncipes africanos es el más visible y costoso tributo que Isaacs paga a la moda literaria de su tiempo.

La nota trágica y fatal no es violenta, sino que se

disuelve en llanto, añoranza y suspiro. Es la tristeza
criolla. Un tema de bambuco popular elevado a gran
arte de novelista. No sólo Isaacs tiene el don del narrador y del creador de vida, sino que su prosa llega a
fundirse tan estrechamente con el tono y el carácter
del asunto hasta absorberse en él y formar un todo
indestructible.

NOVELAS INDIANISTAS

En esta parte trataremos conjuntamente de los dos
tipos de novela indianista: la sentimental o idílica y la
de evocación del pasado histórico. Las que, por lo demás, no dejan de mezclarse en muchas obras.

Ambos tipos tienen en común la tendencia idealista
a pintar el indio como un héroe romántico, fuera de la
verdad y de la observación etnográfica y psicológica,
y la pintura de una Naturaleza convencional y falsa.

Las mayores influencias son las de Chateaubriand
en *Atala,* Bernardin de Saint Pierre, Walter Scott y, en
algunos casos, James Fenimore Cooper.

Sus años de mayor florecimiento van de 1860 a 1880.

La más antigua de ellas podría ser *Jicotencal,* publicada en Filadelfia (Estados Unidos), sin nombre de
autor, en 1826. Su tema es un idilio sobre el fondo
de la conquista de México por Cortés. Por su violento
anti-españolismo parece ser escrita por un criollo. En
algunos pasajes parece seguir *L'Ingenu,* de Voltaire.
Los indios razonan y obran con ideas y sentimientos
del siglo XVIII francés. Es, sin duda, obra de propaganda de las tesis de la Ilustración, e inspirada por ideales de independencia.

Fuera de ésta, la más antigua que se halla es *Net-
zula* (1832), del mexicano José María Lafragua (1813-

1875), que trata brevemente y con escaso mérito de los últimos tiempos de Moctezuma.

La gran poetisa romántica cubana Gertrudis Gómez de Avellaneda (1814-1873) fué también uno de los primeros autores en cultivar la novela indianista histórica.

En 1841 publicó *Sab*, novela de ambiente cubano, donde narra los idealizados amores de un esclavo por la hija del dueño del ingenio. Algunos han querido ver en ella un alegato anti-esclavista.

La tendencia histórico-romántica, que se acentúa más en *Espatolino*, publicada en 1844, historia de un bandido italiano, culmina en su *Guatimosín* (1846), evocación novelesca de la conquista de México.

El poeta venezolano José Ramón Yepes (1822-1881) escribe dos breves novelas idílicas, pero con una visión más real del indio: *Aneida* (1860) e *Iguaraya* (1872).

El sacerdote mexicano Crescencio Carilla y Ancora (1836-1897) dedica su novela *Historia de Welinna* (1862) a la descripción de la conquista de Yucatán. Canta los bienes de la conversión al catolicismo.

Eligio Ancona (1836-1893), abogado e historiador, también de México, publicó en 1870 su novela *Los mártires del Anahuac*. Su información histórica y arqueológica es excelente. Su tendencia es anti-española. Su manera de considerar al indio lo acerca a los indianistas idílicos.

Ireneo Paz (1836-1924), de México, periodista y partidario de la Reforma, escribió novelas de carácter indianista. Entre ellas, *Amor y suplicio* (1873) y *Doña Marina* (1883).

Mexicano también es Juan Luis Tercero (1837-1905), muy romántico y muy católico, que siguiendo de cerca al Chateaubriand de *Los mártires,* escribió su larga y

63

curiosa novela poemática *Nezahualpilli o el catolicismo en México.*

La figura culminante en este género es la del ecuatoriano Juan León Mera (1832-1894), autor de *Cumandá.* Con él comienza propiamente la novela ecuatoriana.

Hombre de muchos méritos y de mucha erudición, desempeñó por largo tiempo en su patria una especie de patronato intelectual. Fué grande enemigo de Montalvo, católico ferviente, conservador en política, romántico en literatura y muy devoto de la Academia Española, a la que dedicó su novela.

Cumandá o un drama entre salvajes se publicó en 1879. (El crítico ecuatoriano Isaac I. Barrera da como fecha de la primera edición el año de 1871.) Es un idilio inspirado directamente en el ejemplo de *Atala.* La acción es demasiado inverosímil y melodramática. Los personajes, irreales. No hay verdad en los sentimientos ni en las acciones. La Naturaleza misma, que Mera debía conocer bien, es dulzona y convencional. No es la terrible selva oriental del Ecuador, es más bien el gran jardín paradisíaco que Chateaubriand pretendía haber visto en el Nuevo Mundo.

Pero, con todo eso, se lee a trechos como un hermoso poema en prosa. Hay belleza en las descripciones y emoción en los sentimientos, y es más novela que todos los idilios de su especie.

Con *Cumandá,* la novela indianista se eleva y se agota. Era, fundamentalmente, un género falso.

Se siguen escribiendo otras, pero ya el puro idilio tiende más al paisajismo, a lo histórico y a lo arqueológico.

De entre los más tardíos hay que nombrar algunos.

J. R. Hernández, mexicano, autor de *Azcaxochitl o la flecha de oro* (1878), narración precortesiana, notable por su sobriedad y por la ausencia de amor romántico.

Eulogio Palma y Palma (1851-?), de México, autor de *La hija de Tutul-xiu* (1884), novela de intriga romántica y de buena información arqueológica sobre los mayas antes de la conquista.

Y, por último, el chileno Alberto del Solar (1860-?), quien en 1888 publicó su novela poemática *Huincahual*. Es una vuelta romántica al tema de los araucanos, con mucha insistencia en el paisaje y con algunos asomos de técnica psicológica.

NOVELAS HISTORICAS Y FOLLETINESCAS

Abundan las novelas de tema o de ambiente histórico. Prescindiendo de las de tema indio, ya consideradas en conjunto, tratan sobre la vida nacional desde la colonia hasta las revueltas armadas y sucesos políticos coetáneos de los autores; y reflejan, en sus influencias, desde el romántico modelo de sir Walter Scott hasta la reconstrucción cíclica de Galdós en sus *Episodios Nacionales*, pasando por los folletines franceses y españoles.

A Scott tomó como modelo el más antiguo que conocemos: José Antonio Echeverria (1815-1895), cubano nacido en Venezuela, quien en 1838 publicó su novela *Antonelli*, cuya acción discurre en el siglo XVI y se relaciona con la edificación de la fortaleza de El Morro en la Habana.

El dominicano Manuel de Jesús Galván (1834-1910) publicó en 1879 la primera versión de su novela *Enriquillo*. Esta novela histórica que pinta la vida en Santo Domingo en el primer tercio del siglo XVI, y que tiene por héroe al joven cacique Cuarocuya, bautizado por

65

los españoles con el nombre de Enriquillo, despertó gran
entusiasmo en su tiempo. Martí la saludó con encendido aplauso.

Hoy hay que considerarla de un modo más objetivo.
Es una mezcla de relato histórico, concepciones románticas y estilo neoclásico. Le falta calor y espontaneidad.
La abruma la minucia arqueológica. Al través de Enriquillo el autor canta la rebeldía y la libertad, pero al
mismo tiempo justifica a España. Los personajes históricos y los de ficción se mezclan. Entre los primeros
se destacan, junto con el propio Enriquillo, Ovando,
Las Casas y Diego Velázquez. Hay demasiado empaque
convencional.

Con todo, es la más completa y trabajada de las novelas históricas del romanticismo criollo.

Eustaquio Palacios (1830-1898), de Colombia, educador, poeta y periodista, es autor de *El Alférez Real*
(1886). Obra equilibrada, llana y moralizante, en la que
al relato de los hechos de la notable familia Caycedo,
en el siglo XVIII, con intervención de personajes históricos, se unen escenas de la vida y costumbres de los
campesinos y la amorosa descripción del Valle del
Cauca.

De un romanticismo sentimental y simple es la escritora Juana Manuela Gorriti (1818-1892), nacida en
la Argentina, casada con el famoso caudillo boliviano
Belzú, y quien vivió los treinta años finales de su vida
en Lima. Fué autora muy celebrada de cuentos, leyendas, biografías y novelas, y la animadora de una famosa tertulia intelectual. Sus obras más características
son: *La quena, El tesoro de los incas, El pozo de Yocci
y Veladas literarias de Lima* (1892).

El ecuatoriano Carlos R. Tobar (1854-1920), destacado en variados campos de actividad, dejó dos novelas.
Una es *Timoleón Coloma* (1888), de recuerdos del co-

legio mezclados con cuadros de costumbres; y la otra, más valiosa, es *Relación de un veterano del tiempo de la independencia* (1895), evocación histórica que abunda en acertados retratos. Es famoso, entre ellos, el del mariscal Sucre.

Hay una zona en que se confunden el costumbrismo y la novela histórica romántica, y a ella corresponden las obras de algunos interesantes folletinistas que aparecen en la segunda mitad del siglo xix.

Sus modelos son Dumas, Sué y Fernández y González; y su técnica consiste en incorporar, en una acción complicada y misteriosa, costumbres y caracteres criollos.

Poco rango artístico tienen los más de estos novelones; pero, con todo ello, constituyen uno de los antecedentes más notables de lo que después se ha de llamar el criollismo literario.

De entre estos autores deben mencionarse los siguientes:

El mexicano Manuel Payno (1810-1894). Su más antiguo folletín es *El fistol del diablo* (1845). En los años finales de su vida, ya en contacto con el naturalismo, escribe su obra más notable de este género: *Los bandidos de Río Frío* (1889-1891), voluminoso relato, donde abundan lo inverosímil y lo grotesco, pero que es también uno de los más verídicos panoramas de la vida social del México de antes de la Reforma.

Luis G. Inclán (1816-1875), mexicano, autor del largo folletín, empezado en 1865, *Astucia, jefe de los Hermanos de la Hoja, o los Charros contrabandistas de la Rama*, el que, en opinión de Mariano Azuela, por la creación de caracteres y por la verdad del ambiente, no tiene rival en las letras mexicanas.

A este grupo pertenecen los bolivianos Terrazas y Aguirre. Mariano Ricardo Terrazas (1833-1878) escribió el folletín romántico de tema virreinal *Misterios del corazón* (1869). Nataniel Aguirre (1843-1888) es autor de tradiciones a la manera de Palma, y de *Juan de la Rosa* (1885), obra en la que mezcla escenas de costumbres con la acertada evocación del pueblo en los primeros movimientos de Independencia.

Eduardo Blanco (1840-1912), notable prosista romántico venezolano, noveló en dos volúmenes la vida de un bandido criollo: *Santos Zárate* (1882). Es obra más equilibrada y de mejor estilo que las de Inclán y de Payno.

El argentino Eduardo Gutiérrez (1853-1890) escribió en su corta vida más de treinta folletines. Sus relatos pueden clasificarse en gauchescos, históricos y policiales. Chabacano en la invención, sin estilo, vulgar en expresiones y sentimientos, llegó a ser el autor más popular de su tiempo en el Río de la Plata. De la poesía gauchesca tomó la figura del gaucho rebelde, justiciero y perseguido, que personificó especialmente en su *Juan Moreira*. La adaptación de este personaje al mimo-drama y a la escena ha sido una de las mayores fuentes del teatro argentino. La importancia de este folletinista, en la revalorización literaria del gaucho, es de primer plano y enteramente desproporcionada a la calidad de su obra.

En las fronteras del realismo, pero con un poderoso tono romántico que recuerda la manera de Víctor Hugo de las novelas, aparece el uruguayo Eduardo Acevedo Díaz (1851-1924). Es no sólo el fundador de la novela nacional del Uruguay, sino también el creador de grandes frescos épicos donde el tono levantado y tenso no disminuye la presencia de lo vivo y de lo real.

Fué político, diplomático y hombre de acción, y vivió largos años, perseguido o en misión, fuera de la patria. Lo más importante de su obra lo realizó en un largo destierro de tres lustros, en la Argentina.

Comenzó en 1884 por una obra desvaída y sentimental: *Brenda*.

La obra capital es el tríptico de novelas que dedicó a la independencia del Uruguay. Se inició con *Ismael* (1888), que es la mejor, plena de verdad poética y de tipos uruguayos vivos, y continuó en *Nativa* (1889) y en *Cristo de gloria* (1893).

Estas obras tienen el carácter y el soplo de una epopeya nacional. Lo histórico y lo popular están fundidos. La tendencia poemática del autor se revela a las claras en un hermoso libro evocativo, *Soledad* (1894), que es un poema en prosa. En otros libros posteriores, *Lanza y sable* (1914) y *Minés* (1915), decae la fuerza creadora del novelista.

Todavía dentro de las tendencias del siglo XIX, y, en veces, como repudio de la escuela modernista que ya había aparecido, surgen más tarde algunos novelistas históricos importantes.

Uno de ellos es el cubano Emilio Bacardí (1844-1922), quien siguió al Galdós de los *Episodios,* con ciertos toques de naturalismo, en sus relatos históricos: *Vía Crucis* (1914) y *Doña Guiomar* (1916).

Victoriano Salado Alvarez (1867-1931), mexicano, de Jalisco, quien se dedicó con brillo a la historia, a la filología y a la crítica literaria, escribió, en pulido estilo y con mucho cuidado de la forma, dos notables obras cíclicas de reconstrucción novelada de la historia de México: *De Santa Anna a la Reforma* (1902) y *La Intervención y el Imperio* (1903).

LA NOVELA REALISTA

Hay un predominio de los aspectos y propósitos realistas sobre los elementos románticos, que en mayor o menor grado subsisten en sus obras, en ciertos autores que escriben en la segunda mitad del siglo xix.

No sólo hay elementos románticos notables en la obra de estos autores, sino que coexisten dentro de la misma época con otros escritores predominantemente románticos.

Buena parte de esta novela realista va a ser de tema urbano. Va a estudiar las clases sociales en pugna y confusión en la ciudad criolla. Las más siguen utilizando el cuadro de costumbres, que interpolan abundantemente en la acción.

No sólo reciben influencias europeas (primero francesa, después española y al final nuevamente francesa), sino que, en cierto modo, continúan el realismo tradicional que les venía de la picaresca y de Cervantes.

Acaso la primera manifestación de este tipo realista se encuentra en *El Matadero,* del argentino Esteban Echevarría (1805-1851).

Significativo es, y destaca bien el carácter impuro de las tendencias literarias en Hispanoamérica, que el hombre a quien se considera como el iniciador de la poesía romántica en el Plata, sea a la vez el que crea la primera muestra cumplida de relato realista.

Muestra breve e inconclusa que no llegó a publicarse en vida del autor y que acaso no fuera sino el primer borrador de una futura novela, pero en la que se pintan, con crudos y vigorosos rasgos, y en lenguaje directo, escenas de barbarie de los gauchos rosistas en el famoso matadero de aquel Buenos Aires.

El de Echevarría es un antecedente temprano, pero sin consecuencias literarias. No fué conocido en su tiempo.

De donde arranca verdaderamente, y con toda la plenitud de sus consecuencias, el realismo en la novela hispanoamericana, es del chileno Alberto Blest Gana.

Alberto Blest Gana (1830-1920), chileno de Santiago, hombre de clase culta, de buenos estudios, político, funcionario, diplomático, que vivió más de la mitad de su larga vida fuera de Chile y especialmente en París, es quien inicia y lleva esta tendencia a su mayor esplendor.

Su influencia, en su patria, fué inmensa y llega hasta nuestros días. Casi todos los novelistas chilenos posteriores son, en cierta forma y en grado variable, sus discipulos. Su influencia fuera de Chile fué también considerable.

Había comenzado por escribir poesía. No era ese su camino, y así lo comprendió pronto. En 1858 publicó sus primeros relatos.

En 1860 obtiene un lauro con su novela *La aritmética en el amor,* y en 1862 publica *Martín Rivas,* la obra en que sus características y tendencias de narrador toman su forma definitiva.

Su maestro es Balzac. De él toma el gusto de la observación minuciosa de la vida social. Aprende a observar, acaso con demasiada acumulación documental y frialdad. También de Balzac toma la idea de la novela panorámica que retrata todos los aspectos de la sociedad y su evolución en el tiempo.

El mismo se consideraba un «escritor de costumbres».

El tema principal de sus novelas, que va a ser por mucho tiempo el tema principal de la novela chilena, es la sociedad de Santiago, la convivencia de sus clases y el conflicto del provinciano que llega a abrirse paso o a fracasar. Esos personajes representativos de las distintas clases sociales santiaguinas a mediados del siglo XIX, están retratados por Blest Gana con objetiva escrupulosidad. Pinta sus casas, sus muebles, sus comidas, sus maneras, su habla. Es como un inventario. Por eso, no pocas veces, es frío y lento.

Rara vez llega a provocar una emoción. Pero sus relatos están bien concebidos, sus ambientes son verdaderos y sus personajes están tomados de la vida real. Lo que no quiere decir que estén vivos. Pero Blest Gana sabrá suplir con su laboriosa observación y construcción las fallas de su don creador.

Su obra novelesca aparece dividida en dos períodos. El primero, que es el más importante desde el punto de vista de la afirmación de la tendencia realista, va de 1858 a 1864. Se interpone luego un largo lapso de treinta y tres años, durante el cual nuestro autor no publica ninguna obra.

En 1897, en París, reanuda su labor con la publicación de *Durante la Reconquista,* vasta novela histórica de la época de la guerra de la Independencia, en Chile, que contiene las mejores páginas de Blest Gana, que es su obra de más aliento y que es una de las mejores novelas hispanoamericanas de su tiempo y de su clase. En esta segunda etapa de su obra adquiere mejor calidad, pero ya es, en cierto modo, el fruto tardío de una época anterior, por lo que no puede compararse en importancia para la historia literaria con sus novelas de la primera época.

Los primeros y más fieles seguidores de Blest Gana aparecen, naturalmente, en Chile.

Daniel Barros Grez (1834-1904), chileno, agricultor, agrimensor, constructor, erudito y polígrafo, sigue en sus novelas el ejemplo de Blest Gana. Su rasgo más resaltante es el costumbrismo muy a las claras, aprendido en Jotabeche. Sus argumentos son convencionales y melodramáticos, y sus personajes carecen de vida.

En *Pipiolos y pelucones* retrata la época de Portales, y es la continuación de *El huérfano,* que es una repetición del tema de Martín Rivas: el provinciano en Santiago.

Dentro de la tendencia realista deben mencionarse algunos relatos de tipo autobiográfico o descriptivo, que son de lo más curioso y característico de la literatura de esa época. Reproducción directa de sucesos y de ambiente que el autor ha conocido, en ellos la noción de la realidad no está desfigurada por los requerimientos de la trama novelesca, ni por el gusto de la imitación. Por eso, en cierta forma, sin ser novelas abrieron nuevos caminos al género.

Entre las obras de este tipo no deben olvidarse las siguientes:

El llanero, del venezolano Daniel Mendoza (1823-1867). Libro rico, ameno y penetrante, lleno de la vida de los llanos y del carácter y tradiciones de sus habitantes.

Una excursión a los indios Ranqueles (1870), sabrosa y movida crónica de la pampa salvaje y del indio, escrita por el militar argentino Lucio Victorio Mansilla (1831-1913). Su socarronería, su estilo conciso y cortado, su tono de charla, su rápido don de observación, dan a esta obra una frescura inmarchitable.

Juvenilia (1882), la más famosa obra del argentino Miguel Cané (1851-1905), pertenece por entero a este grupo. Son recuerdos del liceo, poblados de lances y de rostros inolvidables y narrados con un calor de simpatía que irremisiblemente se comunica al lector.

La obra heterogénea y fragmentaria del argentino Eduardo Wilde (1844-1913), caracterizada por la ironía, el humorismo sentimental y el escepticismo, aunque no llega a madurar en ningún libro importante, es de las que más influyen en el carácter que tendrá el realismo argentino de la famosa generación de 1880. Sus escritos han sido recogidos en una edición de *Obras completas.*

Realismo profundamente mezclado con elementos románticos es el que caracteriza algunas obras de este período. A esta clase pertenecen las que se enumeran en seguida.

Eugenio Díaz (1804-1865), periodista y costumbrista, fué famoso en Colombia, su país, por su obra *La Manuela* (1866), en la que con diálogo animado y caracterización realista pinta la vida de una familia en una hacienda.

También colombiano y personaje de mucha prestancia en la política y en las letras, fué José Manuel Marroquín (1827-1908). Dentro de la tradición del realismo picaresco concibió su novela *El Moro* (1897), que es una descripción intencionada del campo y de las gentes de la sabana de Bogotá vistos por los ojos de un caballo.

El de Ignacio Manuel Altamirano (1834-1893) es uno de los grandes nombres de las letras mexicanas del siglo XIX. Indio puro de Tixtla, fué periodista, defensor de los ideales de la Reforma y mentor intelectual de varias generaciones de escritores liberales. En 1869 publicó *Clemencia,* breve relato sentimental sobre el fondo histórico de la ocupación francesa.

Póstuma fué la publicación de *El Zarco* (1901), hermosa novela de acción en torno a la personalidad y a las aventuras de un bandolero generoso.

El realismo se extiende, renovando las letras del Plata, con la llamada generación del 80. Sus modelos son los realistas franceses y españoles. Ya al final, y como anuncio de una nueva época, llega el naturalismo.

Anuncian la nueva tendencia dos escritores de cuadros de costumbres y de saladas anécdotas: Martiniano Leguizamón (1858-1935) y José Sixto Alvarez, alias *Fray Mocho* (1858-1935). En leves manchas pintaron al gaucho y a una vida criolla ya condenados a desaparecer. Con nostálgico humorismo retrataron la sociedad tradicional.

El año de 1884 aparece *La gran aldea,* libro más importante como testimonio y como ejemplo que como obra literaria, que refleja la transformación del Buenos Aires de unitarios y federales en gran ciudad moderna. Su autor, Lucio Vicente López (1848-1894), político y periodista argentino, de agitada vida, recogió en ese libro confuso, denso e improvisado, una especie de crónica, satírica y dramática, de la ciudad pujante.

El mexicano Emilio Rabasa (1850-1933), erudito, interesado en la historia y en la sociología, bajo la influencia de Galdós y de los realistas españoles, publica en 1887 *La bola.* Es novela que pretende ser de estudio social, donde se describe el caciquismo provincial de la época de Porfirio Díaz, al través de personajes acaso un poco simples y alegóricos, y de ambiente vivo y verdadero. Entre sus defectos están las digresiones reflexivas, el gusto académico y la frialdad emotiva. *La bola* es la primera y la mejor de una serie de cuatro novelas en que aparecen los mismos personajes.

La parcela (1890), de José López Portillo y Rojas (1850-1923), describe la vida y costumbres de Jalisco, al través de la pugna de dos terratenientes. El temperamento del autor es romántico, pero sigue esmeradamente los modelos realistas españoles. Es obra valiosa por sus bellezas literarias y por sus hermosas descripciones. A veces resulta falsa y convencional.

La novela fundamental del realismo mexicano es *La Calandria* (1891). Su autor, Rafael Delgado (1853-1914), realiza en ella una obra de sólida estructura, de fácil estilo, de gran valor narrativo. Para muchos es la más importante novela mexicana del período anterior a la Revolución, y la que más ha influído en la novela revolucionaria. En tierra veracruzana discurrió la discreta vida del autor, y de ella son sus personajes y ambientes, veraces y humanos.

También son de Delgado: *Angelina* (1895), eco de *María*, de Isaacs, y *Los parientes ricos* (1903). En esta última se reafirman las excelentes condiciones que reveló en su primera obra.

En un lenguaje sencillo y justo retrata con maestría el ambiente social. Sus héroes tienen vida, aunque no pocas veces pecan de excesiva simplicidad psicológica. A pesar de sus defectos y errores es el mayor novelista mexicano del siglo XIX.

El venezolano Manuel Vicente Romero García (1865-1917), siguiendo a Isaacs, escribió en 1890 su única novela *Peonía*. Esta obra, en la que se mezclan los elementos románticos con los realistas, y el cuadro de costumbres con la pasión reformista, es la que, con todas sus imperfecciones, abre el camino al interesante movimiento de la novela criollista en Venezuela y establece algunos de sus temas y de sus conflictos más característicos. Es obra muy importante, tanto por sus anticipaciones como por sus consecuencias.

En la tendencia del realismo a la española, galdosiano, aparece en la Argentina Carlos María Ocantos (1860-1949). Ganó pronto renombre con su primera novela, *León Zaldívar* (1888), que inicia una larga y laboriosa serie de relatos, sin que los años influyeran en modificar la tendencia. Ocantos es un novelista menor, que con honrado propósito realiza una obra objetiva de análisis social. Como él, muchos otros aparecen en esa hora en varios países de América, con igual sentido y con idénticas limitaciones, pero que, a diferencia de él, no lograron traspasar con sus obras las fronteras nacionales.

La peruana Clorinda Matto de Turner (1854-1909) escribe una de las obras más importantes y significativas de su tiempo. Había comenzado siguiendo a don Ricardo Palma en unas *Tradiciones Cuzqueñas* (1884-1886). En 1889 publica *Aves sin nido*. Es un libro en que los elementos realistas no desalojan por completo el rezago romántico, pero en el que, por primera vez, la novela criolla se plantea el problema social del indio. Y lo plantea en términos audaces y violentos. Es obra de tendencia social, que deja de ver al indio con ojos idílicos y abre la rica veta de la novela indigenista andina, de la que, años después, va a describir la miseria y la injusticia en tono de protesta revolucionaria. Esa es la importancia singular de esta obra de mujer, que excede en mucho a sus méritos literarios intrínsecos. Las otras obras que escribió no pasan de la medianía.

Ya hacia el fin del siglo empiezan a hacerse visibles algunas derivaciones del naturalismo en la obra de los realistas tradicionales. Un naturalismo atenuado, pasado en ocasiones por la aduana de los españoles y que no altera en lo fundamental el modo realista y costumbrista que predomina en los escritores de que aquí tratamos.

Gonzalo Picón Febres (1860-1918), de Venezuela, sigue a Alarcón en tersos relatos de castiza prosa. Sin desechar por entero el romanticismo, es su tema la vida criolla; el campo y la ciudad, la recluta, la guerra civil. Fué también crítico literario de extensa y valiosa obra. La mejor de sus novelas es *El sargento Felipe* (1899).

El colombiano Tomás Carrasquilla (1858-1941) es uno de los más grandes nombres de la novela hispanoamericana. Fué nativo de la región de Antioquía. Zona de tierra adentro, aislada y muy caracterizada y colorida en lenguaje, tradiciones y costumbres. Recibió una formación tradicional en un país muy apegado a la tradición española.

La primera novela, *Frutos de mi tierra* (1896), es un amoroso y poético recuento de la vida antioqueña. Tipos populares, costumbres pintorescas y giros y locuciones locales están trasladados no sólo con sagaz y penetrante sentido de lo real, sino con un tono lírico lleno de gracia. El regionalismo de Carrasquilla es de una riqueza admirable. La frescura de su invención, el uso poético de la lengua local, el sentido profundo y universal de lo humano son las dotes sobresalientes de este gran escritor.

Escribió otras novelas, no menos plenas y hermosas, como *Grandeza* (1910), *El padre Casafús* (1914) y la vasta galería de retratos y de composiciones de *La marquesa de Yolombó* (1928). Dejó también un tesoro de relatos cortos, donde llega a la más alta calidad poética en la utilización de lo folklórico. En este terreno son verdaderas obras maestras las narraciones *Salve Regina* y *En la diestra de Dios Padre*.

Autor, en colaboración con J. M. Groot, de una satírica novela de clave, que alcanzó mucha difusión en su tiempo, fué el colombiano Lorenzo Marroquín (1856-1918). No pocos personajes reales levemente disfrazados plantean en *Pax* (1907) los conflictos de la civilización y la barbarie criollas a raíz de una larga guerra civil de Colombia.

EL MODERNISMO

El movimiento modernista se manifiesta poderosamente en la prosa y en la técnica de la literatura narrativa.

Su primera y más notable aparición ocurre en el cuento. En los cuentos que Manuel Gutiérrez Nájera escribe desde 1883, y en los que Rubén Darío recoge, en 1888, en *Azul*.

Son hasta cierto punto una adaptación de lo que el «decadentismo» francés contemporáneo había llamado «conte parisién». Breves y finas evocaciones, muy coloridas y poéticas, de sensaciones y emociones. *Cuentos frágiles, Cuentos color de humo, Cuentos de color,* son los nombres con que sus autores designan estos desvaídos y sugerentes poemas en prosa, donde casi no hay acción, donde el conflicto es un estado del alma, más del autor que de los vagos personajes, y donde todo no parece sino pretexto para bellas imágenes y exquisitas emociones.

Con ellos se inicia propiamente el cuento hispanoamericano. Durante lo más del siglo xix el género se confunde con las leyendas de los románticos, con los cuadros de costumbres y con las tradiciones históricas a la manera de Ricardo Palma.

Pero, a partir del modernismo, el cuento toma fisonomía propia. Junto a la tendencia preciosista que se afirma en los cuentos de Gutiérrez Nájera, Darío, Angel de Estrada, Díaz Rodríguez, aparece una orientación realista. Así como en la tendencia artística los más de

81

los poetas escriben cuentos; en la realista, muchos de
los novelistas escriben cuentos.

En este realismo está presente la influencia naturalista que habremos de señalar más adelante con motivo
de la novela.

La tendencia artística fué la que de modo más aparente estuvo asociada a lo más externo y visible del
modernismo, que no parecía ser sino una elaborada retórica de lo exquisito y lo raro, un lujo de formas, de
colores y de sonidos.

Sin embargo, ya hoy podemos ver que también forma parte de la renovación modernista en la novela la
aparentemente contraria influencia naturalista, que comienza por entonces y que pronto deriva hacia un realismo peculiar que llamaremos criollismo, donde estos
elementos vienen a combinarse, en diversas formas, con
otros que provienen de la tendencia artística.

Esta fusión es característica de la literatura hispanoamericana, como también el hecho de que cuando ella
se realiza siguen subsistiendo y reapareciendo por debajo de ella fuertes restos del romanticismo y del costumbrismo anteriores.

LA TENDENCIA ARTISTICA

Pronto hubo la tentativa de llevar a la novela la
novedad que habían representado los cuentos de los
poetas modernistas.

Tenían como modelos a ciertos autores europeos,
como el inglés Oscar Wilde, los franceses Huysman y
Lorrain y el italiano D'Annunzio.

En estos ensayos la materia novelable está subordi-
nada por entero a los requerimientos de la prosa artística. El tema es frecuentemente exótico, el mundo americano está sentido como destierro. Son, más bien, len-

tos poemas en prosa, cuajados de preocupaciones intelectualistas y estéticas, cuyos personajes, frecuentemente, reflejan el desdeñoso sentimiento de superioridad intelectual de sus autores. Son abúlicos, mal hallados con la realidad, llenos de sueños de belleza, enamorados de una armonía inalcanzable.

Si atendemos a la fecha de composición tendríamos como uno de los primeros ensayos de este tipo de novela estática, subjetiva, decadente y preciosista a *De sobremesa* (1887-1896), que José Asunción Silva dejó inédita a su muerte. Es un curioso retrato narcisista de su propia psicología de insatisfecho y de cultivador de sensaciones estéticas. Así se creía o se sentía. Es como una altanera confección de orgullo, de sensibilidad morbosa, de delirio intelectual y de abulia poética, escrita en forma de diario, e interrumpida por los comentarios de los amigos que lo oyen leer al autor. Contiene muchas valiosas revelaciones sobre la psicología de Silva y sobre la estética de ese momento del modernismo.

El venezolano Manuel Díaz Rodríguez (1871-1927) es de los primeros y de los más característicos en la realización de esta novela preciosista. Había comenzado muy joven por publicar, en 1896, un libro de descripciones: *Sensaciones de viaje,* cuya prosa musical y constelada de imágenes anunciaba lo más característico de este escritor. La forma literaria era todo para él. En dos sucesivos libros de cuentos, *Confidencias de Psiquis* (1896) y *Cuentos de color* (1899), llega a los mayores refinamientos verbales y estilísticos.

En 1901 publica su primera novela, *Idolos rotos.* El relato se diluye en pretexto para el poema en prosa, para la sarta de imágenes modernistas y para la armonía de las palabras. Es novela que relata la vida burguesa de Caracas al iniciarse el actual siglo, y la incompatibilidad del medio con la sensibilidad y los ideales de un artista.

En *Sangre patricia* (1902), Díaz Rodríguez lleva a los extremos su credo artístico. Es aún el relato de una neurosis estética y sentimental que concluye en suicidio. Es aún menos novela que la anterior, pero la magnificencia de la frase llega en ella a una verdadera culminación. En este sentido es la novela más típica de la tendencia artística del modernismo.

Transcurrieron veinte años antes de que este autor publicara otra novela. En 1922 apareció: *Peregrina o el pozo encantado*. En ella hay una mayor voluntad de realismo, menos subordinación a la música de las palabras, más equilibrio entre los elementos. La acción discurre entre los campesinos de una hacienda del valle de Caracas. Con esta obra Díaz Rodríguez se proponía acercarse al realismo enemigo, a la corriente criollista, y esta intención llegaba en buena hora y estaba en el destino de la novela americana.

Con menos calidad y validez que Díaz Rodríguez, realizó obra que no puede ignorarse dentro de la tendencia artística otro venezolano, Pedro César Dominici (n. 1872). En 1899 publicó *La tristeza voluptuosa* y en 1901 *El triunfo del ideal*. Son dos relatos de refinada perversión y de lujo estético, en los que se mira la huella del francés Jean Lorrain. Su obra culminante es *Dionysos* (1904), novela de gusto parnasiano, en la que, con poético estilo y sentido plástico, se reconstruye la vida de la Grecia clásica. No es una simple imitación de la *Afrodita* de Pierre Louys, como algunos injustamente han pretendido. Vale mucho más como novela que las más de su tendencia y de su hora.

Dominici interrumpió su obra de novelista, que no vino a continuar sino en 1925, con *El cóndor,* novela de los Incas y de la conquista.

Angel de Estrada (1872-1923) es el más calificado iniciador de esta tendencia en la Argentina. Surgió en el movimiento que siguió a la visita de Darío a Buenos Aires en 1896. Sus novelas, sus ensayos, sus notas autobiográficas son pretextos para prosa artística. Mitad evocación, mitad erudición histórica y estética, sus obras tienen por tema paisajes exóticos, Roma, París, Grecia, El Renacimiento, la Edad Media, la Antigüedad Clásica o la refinada Europa de los decadentes. A Estrada puede aplicársele bien lo que él mismo dice de uno de sus personajes: «Cargado de historia, de fábula, de poesía, eco vibrante del sonido, del color y de la forma; insomne viajador al través de los siglos.»

Publicó cuatro obras novelescas. Todas adolecen del mismo defecto, de falta de vida y de abuso del convencionalismo estético. Lo de mayor calidad es: *Redención* (1906), relato de un amor romántico entre dos almas refinadas, con prolijas descripciones de ciudades y monumentos y divagaciones artísticas. Del mismo estilo y con personajes de igual calidad irreal son sus obras posteriores. *La ilusión* (1910); *Las tres gracias* (1916) y *El triunfo de las rosas* (1918).

La más notable y famosa novela de esta tendencia es *La gloria de Don Ramiro* (1908). Su autor, el argentino Enrique Rodríguez Larreta (n. 1875), es hombre de rica sensibilidad y vasta cultura, cuya fortuna le ha permitido dedicarse con delectación al cultivo de sus gustos y dotes artísticos. Es Larreta un excelente prosista. La prosa, que es castiza, tiene mucho de los clásicos españoles, pero está abierta al placer plástico de los modernistas. Hay en ella una como tentativa de renovación estética de lo arcaico.

En esa lenta y repujada prosa acometió Larreta la empresa de reconstruir la vida española bajo Felipe II. No sólo con un propósito arqueológico, que es el más visible y recargado de la obra, sino también con otro simbólico. En Ramiro, quiere encarnar el alma española de la decadencia. Este segundo propósito está menos logrado. Ramiro no es un héroe, es un soñador, es una sombra abúlica que discurre en medio del más rico decorado. Su misma consistencia humana a veces se desvanece en irrealidad.

Pero, en cambio, el ambiente es de una impresionante riqueza plástica. Todo está compuesto con técnica de pintor: las figuras, los gestos, los drapeados, los fondos de arquitectura y de paisaje. El lenguaje refleja con limpidez sabia esta riqueza.

Más que una novela es una galería de hermosos y melancólicos grabados. El final, con la venida del héroe a América y su encuentro con Santa Rosa, se precipita y rompe la majestuosa medida del rostro del relato.

Es un vasto poema en prosa, una pictórica evocación de una España pintoresca y hermosa.

En esta novela, especie de Salambó de la literatura criolla, lo arqueológico predomina sobre lo humano. No llega a vivir Ramiro, ni a interesarnos como ser humano, pero las historiadas estancias por donde discurre y la repujada prosa en que están descritas, dan a esta obra un valor monumental, que el paso del tiempo no ha rebajado.

Mucho renombre alcanzó para su autor *La gloria de Don Ramiro,* algunos han llegado a considerarla, con evidente impropiedad, como la mejor novela hispanoamericana; ha sido traducida y comentada copiosamente. Largos años después volvió Larreta a publicar otra novela, *Zogoibi* (1926). En ésta abandona la España de los Austrias por la pampa del gaucho. El cambio no le fué favorable. Es *Zogoibi* una novela plagada de defectos, en la que lo único importante es el nombre del autor.

Habría que mencionar también, dentro de la tendencia artística, al famoso guatemalteco Enrique Gómez Carrillo (1873-1927), autor de innumerables crónicas parisienses, quien escribió algunas novelas o tentativas de novelas, de tono perverso, en ágil prosa modernista, tales como *Bohemia sentimental* (1899); *Maravillas* (1917); *Tres novelas inmorales* (1920), y *El evangelio del amor* (1922).

También al cuentista guatemalteco Máximo Soto Hal (1871-1944), al fino prosista venezolano Pedro Emilio Coll (1872-1948), autor de hermosos cuentos irónicos y poéticos a la vez; a Froilán Turcios (1877), de Honduras, y Tulio M. Cesteros (1877), de la República Dominicana; al peruano Clemente Palma (1872), autor de *Cuentos malévolos* (1904); al dominicano Fabio Fiallo (1866), autor de *Cuentos frágiles* (1908); y, sin duda, al Leopoldo Lugones de *La guerra gaucha* (1906), valiosa obra donde se combina la más elaborada prosa artística con el tema nativista y que, por eso, en cierto modo, anuncia los caracteres de una época posterior.

Romántico retrasado, que adopta en el modernismo algunas superficiales aparatosas innovaciones retóricas y ortográficas, el colombiano José María Vargas Vila (1866-1933), gozó de gran prestigio entre el público lector menos culto de su tiempo. En prosa rimada y llena de antítesis, escribió unos sesenta libros de política, sentimentalismo y egolatría, de los cuales, hasta veintidós podrían clasificarse como novelas.

LA INFLUENCIA NATURALISTA

Por la misma época en que aparecen las primeras manifestaciones del modernismo, la novela realista sufre un cambio notable.

Junto con las ideas positivistas y evolucionistas y con los principios del determinismo histórico, llega la influencia de la novela naturalista. Sus raíces principales están en el naturalismo francés, en la novela experimental de Zola, en la tentativa de hacer de la novela un frío laboratorio de estudio de las enfermedades del organismo social. Es una tendencia hacia lo documental, que se complace en lo patológico, y que hace ostentación de una forma áspera, simple y directa.

Pero el naturalista hispanoamericano se aparta en mucho de su modelo francés. Acentúa más bien algunos de sus rasgos tradicionales, especialmente el tono reformista, sigue utilizando el cuadro de costumbres, y no llega a desechar por entero el gusto romántico. Pero predomina la crudeza, el pesimismo, el erotismo y una visión decadente de la sociedad.

La influencia naturalista fué fecunda para la novela hispanoamericana. Despertó en ella un ansia de realidad que contribuyó a hacerla más autóctona. Abrió el camino para un análisis más profundo y completo del fenómeno social. Incorporó plenamente el lenguaje local.

La duración fué corta, escasas sus obras importantes, pero su influencia se prolonga hasta más allá de la época modernista, determinando el desarrollo de la más rica y genuina corriente de la novela hispanoamericana: el criollismo.

Cronológicamente, el primero de estos naturalistas es Eugenio Cambaceres (1843-1888). Un argentino que, por la edad y, en cierto modo, por los temas y el lenguaje, pertenece a la famosa generación de 1880, pero cuya obra se distingue fuertemente de la de los hombres de esa generación.

En un estilo directo, coloquial, cortado, trufado de localismos y hasta de palabras en francés, busca situaciones dramáticas y efectos sentimentales. Con crudeza naturalista retrata miserias morales y bestialidad física. Su obra se compone de cuatro novelas, comprendidas bajo el título general y significativo de: *Silbidos de un vago*. Están escritas en primera persona, y a ratos es evidente el tono de confidencia autobiográfica. Las mejores son: *Música sentimental* (1884) y *Sin rumbo* (1887).

Mercedes Cabello de Carbonera (1847-1909), peruana, es de los primeros novelistas que en su patria injertan en el realismo tradicional aspectos francamente naturalistas. Fué mujer de extensa cultura, famosa y combativa en su tiempo, y animadora de actividades intelectuales.

Publicó varias novelas. La primera es *Sacrificio y recompensa* (1888). En *Blanca Sol* (1889) hace sus primeros alardes naturalistas, que acentúa en *Las consecuencias* (1890).

Mateo Magariños Solsona (1867-1925) inicia el naturalismo en el Uruguay con su obra *Las hermanas Flamary* (1893), que por su libre tema y su crudeza ganó una pronta fama escandalosa. Mucho más tarde llegó este novelista a la culminación de su obra en *Pasar* (1920), fuerte retrato de la burguesía y del campo uruguayo.

En la serie de novelas *Crónicas de un mundo enfermo*, el puertorriqueño Manuel Zeno Gandía (1855-1930) pinta las miserias de la vida colonial en su isla natal. Las narraciones son directas, francas y brutales, y en ellas predomina la cruda pintura del ambiente rural.

Las primeras, y tal vez las mejores, del conjunto son *La Charca* (1894) y *Garduña* (1890). La serie fué concluída en 1922, con la publicación de *Redentores* y *El negocio*.

Federico Gamboa (1864-1939), de México, sobre un fondo de romanticismo tradicional, ensaya las fórmulas naturalistas, con señalada predilección por la técnica psicológica a lo Paúl Bourget.

Las primeras formas de su naturalismo pueden advertirse en *Suprema Ley* (1896), convencional estudio de pasiones y de vicios. La más famosa de sus obras es *Santa* (1903), acaso la más popular de las novelas mexicanas. Es una pintura de burdel y de la prostitución, a la manera de *Naná,* con mucho valor documental y observación veraz, pero en la que toda la crudeza realista no llega a matar el aliento del sentimiento romántico.

Con posterioridad publicó: *Reconquista* (1908) y *La llaga* (1910), estudios de los bajos fondos sociales.

Los venezolanos Miguel Eduardo Pardo (1865-1905), en *Todo un pueblo* (1899), y Pío Gil, en *El Cabito* (1909), emplean la técnica naturalista para hacer cáusticas sátiras de lo social y lo político.

Luis Orrego Luco (1866). En él se mezcla la herencia de Blest Gana con los apartes posteriores de Zola y Paúl Bourget. Es un novelista de las clases altas, en la época de transformación de la sociedad chilena, que culmina en el gobierno de Balmaceda. Su propósito es panorámico y cíclico. Los conflictos son los de la moral tradicional con las nuevas condiciones económicas. Sus novelas principales son: *Un idilio nuevo* (1900); *Casa grande* (1908); *En familia* (1912); *Al través de la tempestad* (1914); *El tronco herido* (1929).

Hay monotonía en su obra, los mismos caracteres se repiten con frecuencia bajo diferentes nombres, es pobre de inventiva y descuidado en el estilo y le falta el soplo de los verdaderos creadores.

Mucha importancia tiene, dentro del desarrollo de la novela ecuatoriana, la obra *A la costa* (1904), de Luis A. Martínez. Extenso panorama de la vida social, pinta con fuerte colores y toques de dramática violencia la dura vida del hombre del pueblo. El serrano y el montuvio están observados con penetrante realismo. Su tema es, en cierto modo, la fuerza fatal que arrastra al hombre de las tierras altas y frías hacia la húmeda y enfermiza costa tropical.

La influencia naturalista se sigue haciendo sentir hasta mucho después de haber pasado la época modernista. Tendremos ocasión de señalarla en algunos novelistas importantes que, por el tiempo y por algunos rasgos básicos de su obra, pertenecen a la época contemporánea.

EL MODERNISMO CRIOLLISTA

De la fusión del realismo tradicional, ya renovado por la influencia naturalista, con el legado culto y esteticista de la corriente artística del modernismo, surge una amplia y fecunda corriente en la novela hispanoamericana.

Esa corriente que va a caracterizar la madurez de la novela criolla es la que podríamos designar, en su origen, con el nombre de modernismo criollista.

La vida criolla, sus contrastes, sus conflictos, va a ser cada vez más el tema, pero ya no como un mero inventario de hechos o como un álbum de cuadros de costumbres, sino como la materia de una obra, cuya unidad final proviene de una concepción estética.

En unos predomina más el gusto artístico, en otros la inclinación a un agresivo y descarnado realismo, pero en todos, en mayor o menor grado, lo característico y peculiar es la mezcla de las dos corrientes.

Acaso sea Carlos Reyles (1868-1938) el primero en quien aparece formada a cabalidad la nueva tendencia.

Este gran escritor nació en Montevideo (Uruguay), hijo de un rico terrateniente. Joven hereda las tierras y la fortuna de su padre. En las tierras hizo ensayos de

91

ganadería y adquirió útil experiencia directa del campo
uruguayo. Con la fortuna pudo cultivarse, enriquecer su
sensibilidad y viajar larga y frecuentemente. Su fina
y pálida figura de criollo de sombríos ojos, fué familiar
en Montevideo, como en París o en Madrid. Fué un cosmopolita, como lo quería su época, y fundamentalmente
un ser lleno de preocupaciones intelectuales y artísticas.
Las teorías y concepciones ideológicas lo llevaron a la
novela más que el gusto directo de observar la vida. En
su obra se refleja, deformándola a ratos, esta tendencia
a lo ideológico.

En su primera novela, *Por la vida* (1888), dramatiza
de manera falsa y pobre sus propias luchas contra los
albaceas por la herencia de su padre.

En 1894, después de su primer viaje a Europa, publica *Beba*, que es su primera obra importante. Esta
es, en cierto modo, una novela de tesis: la de la propaganda de los sistemas más modernos para la cría de
ganado en las estancias, y también, la de la degenera-
ción causada por las uniones consanguíneas en animales y seres humanos. Hay ecos de Ibsen y de Balzac.
Beba, la heroína, está concebida dentro de los moldes
románticos, pero está observada y analizada con técnica realista. Es, en cierto modo, un canto al progreso
ganadero cortado por un drama creado por una doble
fatalidad psicológica y biológica. Por fatalidad psicológica, Beba amará a su tío, que personifica el progreso
rural como lo entendía Reyles, y por fatalidad biológica engendrarán un monstruo que la llevará a terminar trágicamente.

Beba fué acogida con general aplauso. En los años
siguientes, Reyles viaja de nuevo a Europa y publica una trilogía comprendida bajo el nombre de *Las
Academias*. Son ellas: *Primitivo* (1896); *El extraño*
(1897) y *El sueño de rapiña* (1898). En ellas paga su

tributo a lo artístico y decadente que recoge en el viejo mundo. Son frustrados ensayos de lo raro, lo difícil, lo refinado. Sus héroes son nihilistas morales y exacerbados intelectuales. Reveladoramente se dice de uno de sus más significativos personajes, que «en Uruguay no encontró con quién hablar de sus aficiones favoritas».

Este desvío enriquecedor es transitorio. Pronto regresa Reyles a una nota más realista y más somera, que será la de lo más valioso de su obra.

En 1900 publica *La raza de Caín,* que muchos consideran su principal obra. Sobre un fondo de problema ideológico, Reyles hace su más vasta tentativa de estudio psicológico con una media docena de caracteres mórbidos, patéticos y contrapuestos.

Regresa a la tierra nativa y a un mayor y más violento realismo en *El terruño* (1916), donde se superponen dos relatos: el de una sombría tragedia rural, que ya había sido esbozada en *Primitivo,* y el del conflicto, tan caro a Reyles, del intelectual decadente ante las solicitaciones de la vida real.

En 1922 aparece *El embrujo de Sevilla,* alarde de novelista y reportero, preferida por el autor entre todas sus obras, donde se retrata la vida pintoresca de toreros, bailadores, «cantaores» y, sobre todo, el fascinador ambiente de la ciudad andaluza. Es, acaso, la mejor construída y la más flúida y espontánea de sus novelas.

En *El gaucho florido* (1932), con una técnica más libre, sobre un argumento muy tenue, retrata al gaucho y a su ambiente, que ya habían desaparecido en gran parte. Es un libro que sabe a rememoración y a costumbrismo.

La última novela de este autor es *A batallas de amor, campo de pluma,* que vino a publicarse en 1939, después de su muerte.

Criollista de gran fuerza y de rica y risueña obra

es el argentino Roberto J. Payró (1867-1928). Periodista de profesión, compañero del Darío de Buenos Aires, hombre de gran sensibilidad para lo popular, de él fluían espontáneamente el humor y la vivacidad del gaucho.

Escribió mucho, y no muy cuidadosamente, pero de él quedarán no menos de tres obras importantes.

Su técnica es directa y simple; su estilo, hablado, sentencioso y salpicado de modismos y de voces populares. Si algo recuerda su manera es la picaresca, en sus mejores y más espontáneos momentos. Está cerca de los escritores de cuadros de costumbres, pero en la perspectiva histórica está aún más cerca de la moderna novela argentina, de la que es una de las fuentes principales.

La primera de sus novelas es *El casamiento de Laucha* (1906). Es el relato, en primera persona, de un gaucho mañoso y malvado. El pícaro del pago y de la pampa que nos va desnudando su espantosa psicología en sabrosos comentarios y confesiones. Es la burda historia del engaño de una rica pulpera hecha por Laucha, el pícaro criollo. Pero la abyecta aventura está narrada con tal despliegue de alegría vital y de sentido humano, que llama a la sonrisa más que a la indignación. No podemos llegar a detestar a aquel Laucha que burla a la patrona, que finge lágrimas y que luego nos dice, como con un guiño: «E hice la farsa de limpiarme los ojos con un pañuelo de seda celeste—¡ah criollo!—que ella me había regalado...»

Pago Chico, publicado en 1908, es una madeja de relatos donde el mundo picaresco gaucho está visto de un modo más objetivo y humorístico.

En *Las divertidas aventuras del nieto de Juan Moreira* (1910), que es la más elaborada y madura de las obras de Payró, vuelve a la narración en primera persona, pero ahora el pícaro va a servirle para intentar un análisis de la realidad argentina de su tiempo. Este pícaro entra en el turbio mundo de la política, como representante de aquella «criollidad» de que se vanagloriaba Laucha, y en la perspectiva de la novela desfilan los conflictos del progreso de la moderna Argentina.

Es Payró uno de los que primero y más certeramente tuvieron el sentido de los valores autóctonos. Aunque desprovistos de propósitos artísticos, su manera de encarar lo popular y la misma utilización del lenguaje criollo hacen de él uno de los que más contribuyó a lograr las fecundas transformaciones que la novela americana experimentó en el modernismo.

El venezolano Rufino Blanco Fombona (1874-1944) dejó en novelas buena parte de su extensa y variada obra. En toda su obra, en todos los géneros, hay un tono temperamental y una emoción personal que la unifican y la singularizan. Intuitivo, sensible, apasionado, violento, toda su literatura es instrumento y pretexto para la revelación orgullosa de su personalidad y sus pasiones.

Lleva a la novela sus temas de ensayista, y hasta de panfletista político, deformando muchas veces el campo y la composición de la novela.

Tiene condiciones de novelista verdadero. Es suyo el don de ver y de retratar. Abundan en sus páginas tipos y rasgos de inolvidable acierto. Su prosa nerviosa y descuidada describe en rasgos rápidos y precisos.

Sus primeros ensayos de narración (*Cuentos de poeta,* 1900) son débiles e impersonales ecos de los modelos del modernismo artístico. Poco después encuentra su tono, que será el de un realismo desenfadado, agudo e intencionado.

Su primera novela es *El hombre de hierro* (1907),

que es una satírica y trágica imagen de la vida de Caracas a comienzos del actual siglo. Su autor dice haberla escrito durante una prisión política. El tono es pesimista y desdeñoso.

Es ésta la más novelesca de sus obras, aquella en que menos se abandona a las solicitaciones de otros intereses y temas extraños. En sus obras posteriores la deformación ocasionada por esos propósitos ajenos a la novela es mayor. Entre esas pueden citarse: *El hombre de oro* (1916), *La mitra en la mano* (1927), *La máscara heroica* (1928) y *La bella y la fiera* (1931).

En todas ellas se manifiestan, discontinuamente, las positivas virtudes de novelista que tenía Blanco-Fombona, su facilidad de narrador y la vivacidad de su estilo. Todas ellas son como la variada glosa de la concepción central que el autor expresó en el prefacio de una de sus obras: «He descubierto siempre y en todas partes un fondo idéntico de estupidez, maldad y dolor.»

El boliviano Armando Chirveches (1881-1926) escribió varias novelas de positivo mérito. Vivió mucho fuera de su tierra, asimiló vivamente las modas y los gustos franceses, y al eco de variadas y sucesivas influencias dejó en sus obras algunas imágenes realistas y románticas de la vida americana. Es él quien inicia el criollismo en Bolivia.

La primera obra importante fué una novela satírica de costumbres políticas, *La candidatura de Rojas* (1909). A ésta siguen: *La Virgen del lago* (1920), irónico y sensual reportaje de la vida pueblerina; *Flor del trópico* (1926), novela de amor y descripciones en la bahía de Río de Janeiro, y *A la vera del mar* (1926), relato convencional y flojo.

Emilio Rodríguez Mendoza (n. 1873) se destaca en el período de transformación modernista de la novela chilena. Cultiva la crítica social y lleva a la novela una intención reformista. Rodríguez Mendoza se inició en 1899 con *Ultima esperanza*. Sus obras más conocidas son *Vida nueva* (1902), *Cuesta arriba* y *Santa Colonia,* que forman una importante contribución al ciclo de la novela santiaguina. En *América Bárbara* ha cultivado un rico y dramático género de estampas biográficas.

Dentro del primer momento criollista, al que pertenece Reyles, aparece un notable escritor venezolano: Luis Manuel Urbaneja Achelpohl (1873-1938). Lo más temprano y acaso lo más valioso de su obra está en sus cuentos. Sus novelas, que fueron compuestas y publicadas más tarde, pertenecen, sin embargo, por el carácter, a esa primera época. Sabe mezclar en ellas los elementos líricos con el realismo bien observado. Son *En este país* (1920), *El tuerto Miguel* (1932) y *La casa de las cuatro pencas* (1937).

Alcides Arguedas (1879), de Bolivia, comienza dentro de esta época, pero es en realidad uno de los más valiosos iniciadores de la novela contemporánea.

En tono satírico y reformista comienza por retratar la vida boliviana en novelas concebidas como para ilustrar teorías sociológicas que su autor desarrolló en un libro de interpretación histórica que gozó de fama escandalosa: *Pueblo enfermo* (1909). En *Pisagua* (1903) hace un dramático, aunque deshilvanado retrato, de la época del caudillo Melgarejo. En *Vida criolla* (1905) hace la sátira social política de la vida urbana.

En 1904 publicó un breve relato, *Wata-Wuara,* sobre la vida del indio del altiplano.

En su madurez vuelve a tomar este tema y publica su obra fundamental: *Raza de bronce* (1919).

En esta hermosa obra, la naturaleza imponente y los conflictos de la vida humana están vistos dentro de una unidad poemática. El cuidado de la forma va parejo con el deseo de explicar las almas y de transcribir las realidades.

Es una de las primeras novelas contemporáneas que elevan la Naturaleza a la categoría de personaje central, y es, ciertamente, la que abre el camino para el valioso grupo de los indigenistas. Está llena del dolor y de la miseria del indio, pero sin sordidez ni desesperación. Relata con objetividad y equilibrio, sin perder ni el sentido de la armonía ni la emoción de la belleza espontánea que irradia de los seres y del paisaje.

En torno a Wata-Wuara y a su amante Agiali desfila, con poderoso y acompasado ritmo de composición, la grandeza del mundo natural y los dolores y misterios del mundo de los hombres: indios, mestizos, capataces, terratenientes, en lo que Arguedas sobrepasa a sus contemporáneos y anuncia a los novelistas posteriores y a su manera de ver y expresar el hombre y el mundo americanos.

LA EPOCA CONTEMPORANEA

LA ÉPOCA CONTEMPORÁNEA

La confluencia del realismo y de lo artístico, o, por mejor decir, de lo criollo popular y de lo culto universal, anuncia y caracteriza la novela hispanoamericana contemporánea. Es su época de culminación y de mayor riqueza. Aparecen grandes figuras de novelistas y obras de valor representativo y permanente.

Pareciera que, después de la gran afirmación de la personalidad americana en el Modernismo, hubiera sonado la hora de los que, con manos creadoras, iban a sumergirse amorosamente y dolorosamente en la realidad criolla.

Si algo ha caracterizado precisamente a la novela contemporánea americana es ese tono de revelación y de descubrimiento, ese paso del realismo documental al impresionismo poético y a la intención indagadora. Una como emoción épica, aunque fragmentaria, del mundo americano y de su gente.

Muchos de los caracteres de las épocas anteriores subsisten. La capacidad fluvial de acumular y arrastrar de la literatura hispanoamericana es visible en la novela contemporánea.

La novela contemporánea nace a la sombra del Modernismo, pero en mucha parte como reacción o cansancio de él. Pueden distinguirse en su evolución no menos de tres etapas sucesivas, pero, dentro de ellas, en especial en las más recientes, se advierten fuertes caracterizaciones regionales.

101

La primera etapa de esa evolución puede situarse entre los años de 1909 y 1915. En ella, junto a los que parecen continuar la técnica naturalista, aparecen algunos de los más refinados cultivadores de la forma, como Prado o Arévalo Martínez. Pero ya en los unos y en los otros hay diferencias fundamentales que los separan de sus inmediatos antecesores.

En la novela de esta etapa predomina lo urbano, lo psicológico, lo satírico.

El primero, en el tiempo, es Augusto D'Halmar (1882-1949), cuyo verdadero nombre es Augusto Thomson, se inició muy joven como naturalista estudiando la vida de la clase media santiaguina en *Juana Lucero* (1902).

Este escritor chileno, que ejerce considerable influencia en la evolución de la novela en su país, abandona pronto esta primera tendencia y ensaya un tipo de narración poética, llena de sentido de evasión y de nostalgia de lejanías.

A esta otra y definitiva época de su obra pertenecen: *Nirvana, La lámpara en el molino* (1914), *La sombra de humo en el espejo* (1924), *Pasión y muerte del cura Deusto* (1924) y *Capitanes sin barco*.

Abundan los novelistas chilenos. Hay un aire de familia que los une. La herencia de Blest Gana, la poca influencia del Modernismo, el gusto por el estudio de caracteres de la ciudad y de conflictos mundanos.

Quien va a acentuar las características de esa novela urbana, añadiéndole un tono vivo y ágil de reportaje periodístico y de confidencia autobiográfica, es Joaquín Edwards Bello (n. 1888). Este chileno, refinado y trotamundos, ha realizado una obra extensa, aguda y personal. Su don de observación es seguro y penetrante aunque un poco caricatural. Escribe con precipitación y descuido y a veces cae en lo vulgar y hasta en lo chabacano. Pero sabe insuflar aliento humano a los variados ambientes que anima. Con un poco más de objetividad y de cuidado, muy pocos le disputarían uno de los primeros puestos entre los grandes novelistas americanos.

Escribe con soltura y calor. Sabe animar sus escenas y retratar sus personajes. A veces cae en tipos abstractos y gusta de pintar abúlicos y fracasados. Su tendencia polémica lo lleva a intervenir en las novelas con apreciaciones y discursos personales que rompen la unidad y el equilibrio de la composición.

Se inició en 1910, con un esbozo de novela, *El inútil*, de tono pesimista, en el que plantea el problema personal del intelectual desarmado ante el medio hostil, que era un tema favorito de los jóvenes escritores de su tiempo. En ese primer ensayo, y en el que le siguió, *El monstruo* (1912) está en agraz todo lo más característico de la manera de Edwards Bello.

El mismo año de 1912 publica dos libros de cuentos: *Cuentos de todos colores* y *La tragedia del «Titanic»*. De este último había de reelaborar en 1922 una de sus obras más novelescas: *La muerte de Vanderbilt*.

La obra en que se afirmó su nombre de novelista americano fué *El roto* (1920). Libro amargo y brutal que retrata con morbosa detención la vida del prostíbulo santiaguino. Lo había esbozado dos años antes en *La cuna de Esmeralda*, que fué su primera tentativa de realismo criollo y en donde declaraba: «Debemos pensar y escribir en americano».

El roto pretende ser un estudio sociológico y un alegato político. Por ambos motivos el autor incurre en digresiones periodísticas y en situaciones inútiles. Pero con todo ello el libro se salva y alcanza un gran rango por el don de realidad de que está investido. Aquella plebe colorida y mugrienta, que pulula en sus páginas está viva y trasciende humanidad. Los diálogos y los caracteres son de mano maestra. Fernando el garitero, «Pata de Jaiva», las mujeres y el ambiente tienen la unidad indestructible de las obras de arte; Esmeraldo, el personaje central, en cambio, se disuelve un poco en contradicciones y en divagar.

Después de *El roto* Edwards Bello ha publicado numerosos libros. En ellos no han desaparecido sus defectos, pero tampoco han aminorado sus virtudes de gran novelista. Los más notables son *El chileno en Madrid* (1928), amena reproducción de caracteres españoles y criollos y del ambiente de Madrid, *Cap. Polonio* (1929), *Valparaíso, la ciudad del viento* (1931), *Criollos en París* (1933), *La chica del Crillón* (1935).

Mariano Latorre (n. 1886) ha sido, en un país de novelistas predominantemente urbanos como es Chile, el novelista rural. Más que la vida del campo, su tema es el paisaje. Nadie los ha pintado con más delectación, con más aire, con más amor de la tierra. Es su virtud y es su defecto. Sus relatos llegan a parecer pretextos para presentar la imponente y contrastada belleza natural de Chile.

Latorre es escritor culto y preocupado por la forma. Es un impresionista, pero objetivo y mesurado. Su extensa y rica obra literaria no tiene ambiciones ni propósitos extraliterarios, lo que es cosa rara en Hispanoamérica.

Casi toda su obra se compone de relatos cortos. No siempre fáciles de clasificar como cuentos o como novelas cortas. En ella parece proponerse el desarrollo sistemático de la descripción de las varias regiones naturales de Chile.

Su obra más voluminosa es *Zurzulita* (1920), novela paisajista y psicológica de la región del Maule, donde Latorre logra crear un sentido poemático de la presencia de la naturaleza en lo humano.

José Rafael Pocaterra (n. 1890), venezolano, ha sido hombre de luchas, persecuciones y destierros. Lo más de su obra ha sido escrito en su juventud. Autodidacta, apasionado, combatido, ha dejado en sus novelas amargas y vivas imágenes de costumbres sociales y políticas. Su poder descriptivo es intenso y su prosa excepcionalmente vigorosa, rica y plástica.

Comienza en 1913 con *Política feminista* (reeditada más tarde bajo el título de *El Doctor Bebé*), libro vivaz y agudo de caracteres y sátira política, que ocurre en la ciudad de Valencia de Venezuela. Este tono despectivo y caricatural se repite con mayor amplitud y con abundantes trozos de poética evocación en la Caracas de *Vidas oscuras* (1916) y en el Maracaibo de *Tierra del Sol amada* (1919). A este ciclo, aunque publicada muchos años después, pertenece la extensa novela *La casa de los Abila* (1946).

Las dotes de excepcional prosista que hay en Pocaterra y su dramático sentido de la realidad culminan en sus cuentos y en los trágicos recuerdos que ha recogido en un libro extraordinario: *Memorias de un venezolano de la decadencia* (1936).

Tocados de humor satírico, partiendo de una técnica naturalista y con una motivación reformista, surgen en esta etapa algunos autores de los más dotados del sentido de observación y del arte de narrar.

Realiza una obra densa, completa y variada, partiendo del naturalismo y extendiéndose luego a otros campos, pero sin abandonar lo esencial de su primera manera el argentino Manuel Gálvez (n. 1892).

Su vida ha estado dedicada por entero a la literatura. Es uno de los raros escritores profesionales de Hispanoamérica. Aun cuando ninguna de sus obras, individualmente, puede considerarse de un valor excepcional, el conjunto de su producción es uno de los más amplios y vigorosos de las letras criollas.

Se inició en 1903, con Ricardo Rojas y Gerchunoff, fundando la revista *Ideas*. Para entonces era modernista.

Su primera novela, *La maestra normal* (1914), es una curiosa mezcla de realismo tradicional, tesis y técnicas naturalistas y rezago romántico. Esa misma mezcla de tendencias persiste en el resto de su obra.

Escribe con descuido y cae con frecuencia en argumentos melodramáticos, en los que abusa de los paralelismos de situaciones y de la correspondencia de caracteres. Aunque algunas veces ha dicho que no hace novela de tesis y que ningún personaje representa sus ideas, es indudable que se podría seguir la evolución de su propio pensamiento político a través del desarrollo de la Argentina moderna que se ha propuesto retratar en sus novelas.

Es más un novelista de ambiente que de caracteres. En sus personajes predomina el sentimiento y tiene predilección por cierto tipo de intelectual idealista que termina en fracaso. Es más sociólogo que psicólogo.

Sus novelas están vistas como historia, como pasado. Rara vez dan la sensación de lo actual.

La primera etapa de sus novelas sentimentales y urbanas culmina en 1919 con *Nacha Regules,* a la que algunos consideran su mejor obra. Es un retrato compungido y apasionado de la clase media porteña. A ratos tiene tono de protesta, que para entonces hizo atribuir al autor ideas socialistas.

Otro importante conjunto de su obra lo constituyen los dos conjuntos de novelas históricas: *Escenas de la guerra del Paraguay,* que comprende: I. *Los caminos de la muerte* (1928), II. *Humanitá* (1929) y III. *Jornadas de agonía* (1929), que es, sin duda, lo más pleno y logrado de su obra; y las *Escenas de la Epoca de Rosas,* que consta de *El gaucho de los cerrillos* (1931) y *El General Quiroga* (1932).

En el campo de la novela psicológica ha hecho un valioso ensayo en *Miércoles Santo* (1930).

Gálvez es también autor de ensayos y biografías. De entre estas últimas hay que mencionar sus excelentes y documentados trabajos sobre Miranda, Rosas y el Presidente Irigoyen.

El conjunto de su obra es vasto y rico. Las influencias que lo guiaron al comienzo, como las de Daudet, Zola, Dickens y Queiroz, se han ido disolviendo en la gran masa de su propia creación. Hoy hay que ponerle, y con razón, entre los más tenaces y valiosos creadores de la novela americana.

Junto a Gálvez, por coincidencia geográfica, por devoción al oficio de narrar, aun cuando no por la calidad de la obra, hay que poner a Hugo Wast (Gustavo Martínez Zuviría) (1883), quien es, sin duda, el más leído de los novelistas hispanoamericanos. Uno de los pocos que allí han escrito con el ojo puesto en el gran público y no en preocupaciones estéticas, doctrinarias o políticas.

En 1911 publicó su primera novela, *Flor de durazno,* y desde entonces ha continuado escribiendo ininterrumpidamente fáciles y amenas narraciones de asuntos criollos, históricos y sentimentales. Aun cuando el nivel de su obra es bajo, no carece Wast de condiciones valiosas de novelista, y sin duda es excesivo el desdén con que acostumbra mirarlo la crítica.

Hay otro grupo de novelistas en quienes predomina la concepción estética de la obra literaria, en cierto modo continuadores de la corriente artística del Modernismo, y en cuyas novelas abunda lo psicológico y hasta lo simbólico.

En los autores de que se trata a continuación hay

como un regreso o una supervivencia de la tendencia artística que apareció en el Modernismo. Pero es fácil señalar la diferencia que corresponde a la nueva época al advertir que en los más caracterizados de ellos la preocupación artística no se limita solamente al lenguaje y a la forma, sino que pasa a la materia novelable y a la visión de la realidad. En muchos, la tendencia realista persiste; pero lo que buscan es más la impresión o la emoción que la transcripción de la realidad.

El chileno Eduardo Barrios (n. 1884) es autor de obras disímiles, pero valiosas. Hombre de vida turbada y combativa, de muchos y pintorescos oficios en su juventud errante, ha revelado en su literatura su enfermiza sensibilidad, sus heterogéneas experiencias y lecturas y sus excepcionales dotes de artista y de creador.

Hay en él como una convivencia del realismo naturalista y del preciosismo. Un preciosismo que se revela, sobre todo, en la lírica y pulida calidad de la prosa de sus últimas obras.

Sus primeros ensayos narrativos fueron recogidos en el libro *Del natural* (1907), que contiene titubeantes asomos de erotismo zolaísta.

En 1915 aparece *El niño que enloqueció de amor*. Es una tensa, morbosa y delicada novela de análisis psicológico. Con ternura y emoción verdadera desenvuelve el doloroso proceso del niño enamorado que enloquece por el destructor influjo de una pasión precoz. Y en ella está logrado lo que el autor llama su «ideal de estilo: música y transparencia, porque, con esto cumplido, las demás virtudes vienen solas».

Su segunda novela es *Un perdido* (1917), extensa obra de ambiente, donde las costumbres y la interpretación psicológica se conyugan alrededor de un caso individual para ahondar un corte revelador en todo un sector de la sociedad chilena. Es obra recia y concienzudamente construída, lenta y laboriosa en su aproximación a la realidad, estudiada y medida. Es la afirmación del realismo de Barrios y una rica galería de personajes.

Por mucho tiempo la última, y acaso la más famosa de las novelas de Barrios, fué *El hermano asno* (1922). Con ella parece volver al lirismo poemático de *El niño que enloqueció de amor*. Es una exaltada y tierna confesión de la pugna de la sensualidad y del sentimiento religioso. Libro musical y dulce, donde en la pintura de un convento irreal llega el autor a sus más altos alardes de estilista. Es como una glosa lírica de poeta profano y de realista no del todo arrepentido de las conmovedoras «florecillas» de San Francisco.

Gran señor y rajadiablos (1948) es, en cierto modo, la culminación de la faz criollista de su obra. Libro de madurez en todos los aspectos, en él pone el novelista toda su experiencia y su sentido. Es un amplio retablo de caracteres y ambientes donde se intenta apresar y expresar lo esencial del espírirtu chileno.

Más aún dentro de la vena del lirismo, verdadero poeta en prosa, hallamos a otro chileno notable: Pedro Prado (1886). Prado es, ante todo, un artista devoto de lo exquisito y de lo simbólico.

Parábolas y ensayos es el subtítulo de su primer libro: *La casa abandonada* (1912), y es como una definición que conviene a casi toda su obra. Encerrado en un elaborado castillo interior, se ha construído un mundo de iluminada fantasía, que comienza con *La reina de Rapa Nui* (1914), reportaje fantástico de una corte irreal en una isla del Pacífico y que se corona en la áerea conseja poética de *Alsino* (1920), el jorobadito a quien le nacen alas.

La prosa de Prado tiene la misma calidad lírica de su fantasía. Chile lo considera como uno de sus escritores más artistas y mejor dotados.

Oasis de realismo sonriente constituye su obra *Un juez rural* (1924), estampa humorística de la vida campesina chilena.

En la misma tendencia de Prado, pero con más complejidad estética y psicológica, aparece el guatemalteco Rafael Arévalo Martínez (1884) como uno de los narradores más originales de Hispanoamérica.

Barley d'Aurevilly, Poe y Jean Lorrain se han nombrado con frecuencia a propósito de él. De estos autores tiene el fino toque de misterio, pero en lo esencial es original. Irrumpió en las letras americanas el año de 1915 con una novela corta: *El hombre que parecía un caballo*. Ya había pasado el primer y más esplendoroso momento del Modernismo, y esta breve obra parecía ofrecer la posibilidad de una renovación. Fué recibida con estusiastas elogios. Tenía más sencillez formal, aunque no menos riqueza de sugestión. Sabía revestir simples gestos y simples frases de un significado a la vez misterioso y poético. *El hombre que parecía un caballo,* que a primera vista podía ser la caricatura de un poeta complicado y absurdo, revelaba por los insterticios de las palabras el misterio del hombre, de la poesía y de la Naturaleza. La obsesión de lo animal, la evocación del caballo en el poeta, llegan a convertirse en un sistema psicológico y en una visión del hombre interior. En el mismo volumen apareció otro relato que en cierta forma lo complementa: *El trovador colombiano,* que podría llamarse «El hombre que parecía un perro». Es también obra fresca, brillante y extraña, aun cuando con menos significación poética que la anterior. En *El señor Monitot* (1922), Arévalo Martínez vuelve a la fórmula de esa que pudiéramos llamar su psicozoología. Esta obra, tanto como las otras que su autor ha publicado, no superan *El hombre que parecía un caba-*

llo, pero contribuyen a completar uno de los más personales y ricos aspectos de la novela americana.

Más del lado del realismo criollista están los dos autores chilenos siguientes: Fernández Santiván (n. 1884), en quien a veces conviven la influencia de Maupassant con la de Dostoievsky no sólo ha hecho con acierto la novela de análisis social de la ciudad, como en *El crisol* (1913) o en *Robles, Blume y Cía.,* sino que también ha sido de los primeros y más penetrantes intérpretes de la vida rural chilena, en obras sobrias, sólidas y poemáticas, como *La hechizada* (1916).

Rafael Maluenda (n. 1885) ha hecho, en cuentos y novelas, con ritmo lento y tono satírico, estampas estilizadas de la vida campesina, y mordaces y despectivas escenas de la clase media. A las primeras pertenece *Escenas de la vida campesina* (1909); a las segundas, *Venidos a menos* (1916) y *La señorita Ana.*

Anterior por la edad, pero posterior por la significación de lo principal de su obra, precursor más bien de corrientes que van a desarrollarse plenamente más tarde, surge en esta etapa el mexicano Mariano Azuela.

Mariano Azuela (1873-1952) nació en la pequeña ciudad de Lagos de Moreno, en Jalisco. Fué médico y ejerció la medicina toda su vida, especialmente en los hostales, donde estuvo en directo contacto con la clase popular.

Cuando sonó la dramática y compleja hora de la revolución mexicana, Azuela entró en el torbellino. Luchó contra el porfirismo, fué maderista, figuró como Jefe Político de su pueblo natal y como Director de Instrucción Pública de Jalisco, y se incorporó a la lucha armada contra Carranza como médico militar. Victorioso Carranza se refugió en El Paso (Tejas), y más tarde regresó a la ciudad de México, donde ha permanecido desde entonces entregado a su ejercicio profesional y a su literatura.

Azuela comienza a escribir sus novelas ya en la madurez. En su obra se pueden distinguir dos períodos. El primero, que comprende sus cuatro obras iniciales: *María Luisa* (1907), *Los fracasados* (1908), *Mala yerba* (1909) y *Andrés Pérez, maderista* (1911). Estas obras corresponden al estilo de la época en que están escritas. Criollismo realista, tocado de sentimentalismo y de psicología. *María Luisa* nace de su propia experiencia en el hospital de pobres. Pero ya en *Andrés Pérez, maderista,* empieza a despuntar un tema nuevo, aunque no todavía una nueva manera. El tema de la conmoción social que entonces empieza a sacudir a México. Aquí se cierra su primer período.

En sus horas de desesperanzado refugio en El Paso, Azuela publica *Los de abajo* (1916), una novela capital que salta inesperadamente del tono y el carácter de su obra anterior. Es hasta ahora la novela por excelencia de la revolución mexicana. Ninguna ha calado más hondo, ninguno ha dicho más con tan espontánea sencillez, ninguna la supera en equilibrio artístico y en verdad humana.

Sin embargo, este libro extraordinario apareció inadvertido. Sólo diez años más tarde empezó a llamar la atención y desde entonces se convirtió en una de las obras más famosas y más conocidas de la literatura hispanoamericana. Este hecho revela a las claras cómo aquella obra se adelantó a su tiempo. Inició con más de diez años de anticipación la rica floración de la novela de la revolución mexicana.

Los de abajo es una epopeya elegíaca y sin héroe. Lo colectivo, lo fatal, lo telúrico en su héroe. Es obra realista, pero empapada en lirismo y de fuerza emocional contenida.

El pueblo mexicano es su personaje, y el mito sangriento de la revolución, su tema. Por su simplicidad sabia llega a veces al acento del «corrido» popular.

Macías, el peón alzado, el «güero» Margarito, todos aquellos soldados, mujeres y peones, por sobre los que pasan como pálidas lumbres las explicaciones intelectuales de Cervantes o de Solís, encarnan el destino trágico y la esencia turbia de aquella hora impresionante. Con un tono y un sentido que se parece al de Rivera y Orozco en sus frescos.

La obra está narrada en forma directa y simple. La frase es corta y precisa. Suficiente en el color y en la alusión. El relato se desarrolla en rápidas escenas superpuestas. La manera es impresionista. Al novelista no le faltó sino convivir más y más a fondo con el alma de sus personajes, no limitarse a verlos desde afuera y en el arrastre de la tormenta, para haber hecho uno de los grandes testimonios humanos de la literatura universal.

En sus obras posteriores desciende Azuela del plano de *Los de abajo*. Cae en el psicologismo banal, en la sátira y hasta en el costumbrismo. Abusa a ratos de la técnica de los cuadros sueltos y de las frases cortadas, hasta llegar al estridente «puntillismo» literario de *La malhora* (1923), que algunos se atreven a considerar como su mejor obra.

De sus obras posteriores (es uno de los más fecundos novelistas hispanoamericanos), acaso la más valiosa sea *La luciérnaga* (1932), novela psicológica y regional, sabiamente construida y observada.

SEGUNDA ETAPA

La segunda etapa en el proceso de la novela contemporánea puede situarse entre los años 1917 y 1927.

Es una época pletórica de grandes nombres. En ella
aparecen algunos de los más famosos novelistas con que
hasta ahora cuenta la literatura hispanoamericana:
Güiraldes, Gallegos, Rivera.

Lo que primero advertimos en ella es la presencia
avasalladora de la Naturaleza. Su tema favorito es el
destino del criollo ante la Naturaleza. Las más famosas
novelas están concebidas como poemas trágicos de la
vida rural y selvática. Hay como un ansia de crear y de
descubrir mitos telúricos. El mito de las llanuras y las
pampas, el de las selvas, el de los grandes ríos. Sus héroes están cargados de símbolos morales y la concepción
de la novela es panorámica y épica. Plantean con frecuencia el conflicto sarmientiano de civilización y barbarie. Tienen un poco la impresión, y la trasmiten, de
haber hallado la veta verdadera de la novela americana.

La mezcla de lo popular—lengua, tipos, costumbres—
con lo culto y artístico—estilo, composición, técnica—se
hace más completa y perfecta que en la etapa anterior.

Algunos autores continúan, para cerrarlo, el camino
de la novela urbana satírica. Aparecen buenos intérpretes de la psicología. Surgen algunos humoristas.

A todos los une la tentativa, consciente o no, lograda
o frustrada, de trasmitir lo criollo, sin desnaturalizarlo,
en valores estéticos y morales universales.

En 1909 había hecho su presentación el argentino
Benito Lynch (1885), en *Plata dorada,* una novela semi-
autobiográfica y truculenta donde ya asoma el contras-
te de la ciudad y la pampa, y la imagen de la vida
gaucha, que va a ser materia de casi toda su obra posterior.

Lynch es un retratista objetivo del gaucho. De un
gaucho sin atuendo heroico ni dimensión simbólica, pero
que siempre da la impresión de lo verdadero y de lo humano. En cierto modo, él recoge la tradición costumbris-

ta de un Payró, pero sin sátira y sin socarronería. Ha vivido en el campo y conoce al gaucho, y es, sobre todo, su propia experiencia la que está en sus libros, sazonada de cierto gusto trágico y pesimista.

Los caranchos de la Florida (1916) plantean el conflicto de civilización y barbarie, el padre gaucho y el hijo europeizado, que Florencio Sánchez había expuesto en su drama *M'hijo el dotor*. Es libro pesimista, violento, y en el que el intento de realismo objetivo no apaga la exaltación intelectual del autor. Lo más importante de esta obra es la elaboración de los caracteres, convincente y firme.

En sus obras posteriores revela Lynch una nueva faz de su ingenio: el humorismo, en una grata mezcla de humor, sentimiento y costumbrismo. Aquí sólo nombraremos las principales.

El inglés de los güesos (1924) es el ágil relato de las aventuras sentimentales de un antropólogo británico entre gente gaucha. Es un buen estudio psicológico y en ella sobresale la creación llena de vida y de verdad local de Balbina, un encantador tipo de muchacha criolla.

Las condiciones de novelista del gaucho de Lynch llegan a su culminación en *El romance de un gaucho* (1930), gran alarde de maestría técnica y de conocimiento del medio y de los personajes. Esta novela está íntegramente escrita en lenguaje gauchesco, y este elemento, que acentúa el color local, le da una dimensión especial a la narración, un tono de largo monólogo y un eco de «payada». La trama es simple: el amor imposible de un gaucho joven por una mujer casada. Todo está en las situaciones, en la tensión de los sentimientos y en el sabor popular del ambiente. Es la más lírica de las obras de Lynch y la que más nos acerca al alma del gaucho, pero sin exaltarlo.

La exaltación del gaucho hasta convertirlo en mito

estético y en símbolo moral estaba reservada para Ricardo Güiraldes.

Ricardo Güiraldes (1886-1927), hijo de estancieros de la provincia de Buenos Aires, intelectual, de cultura europea, *clubman,* viajero, hombre de mucha curiosidad y mucha sensibilidad, dejó en su corta vida varios preludios y una obra capital.

Escribió poesía de vanguardia, animó grupos literarios renovadores, escribió cuentos sobre personajes legendarios e incidentes trágicos y humorísticos, publicó un esbozo de novela *(Raucho,* 1917) sobre el trajinado conflicto de lo gaucho y lo urbano en el alma de un joven que va del campo a la ciudad; pero todo ello viene a cobrar importancia como aprendizaje, tanteo y preparación para su grande obra única, que es *Don Segundo Sombra,* a la que sobrevivió apenas un año.

Don Segundo Sombra se publicó en 1926 en Buenos Aires y produjo la sensación de una revelación, de un deslumbramiento. Era, en cierto modo, como si nada se hubiera escrito antes sobre el gaucho. Se llegó a extremos insensatos en el elogio. Bajadas las aguas, más tarde, se ha podido hacer una valoración más precisa de esta obra, que ocupa ya un lugar clásico y que marca un hito en la historia de la novela americana.

Güiraldes escribe su novela cuando ya el tema del gaucho parecía agotado. Ya era cosa vieja la poesía gauchesca, el teatro gauchesco, el costumbrismo gauchesco. Ya parecía haberse dicho todo lo que se sabía sobre el gaucho, sus costumbres, su psicología, su folklore y su territorio. Ya el gaucho físico había casi desaparecido ante las transformaciones modernas de la industria agrícola argentina.

Es entonces cuando Güiraldes va a mirar al gaucho como herencia moral y personificación de lo más hondo y vital de la Argentina, al gaucho que está en él «como en la custodia la hostia». Es en el fondo una reacción antieuropea, un regreso simbólico a la americanidad fundamental; ya el gaucho, para él, no es el personaje pintoresco ni el representante de la barbarie; es, al contrario, la fuente de una tradición que puede salvar a su país del coloniaje intelectual. En cierto modo es el «anti-Facundo». Es, ante el aburrimiento de las exquisiteces europeas, la invitación a la pedagogía gaucha. «Hácete duro, muchacho», dice con la voz y el rebenque Don Segundo.

Toda esa concepción del gaucho está personificada en *Don Segundo Sombra,* que por eso no es un personaje real, sino un mito nacional; no es un héroe dramático, sino una sombra poética. La realidad queda para el ambiente y para los personajes secundarios.

La obra está narrada en primera persona; es la historia del niño que descubre la grandeza del gaucho y quiere formarse o reformarse bajo su ejemplo. Esa es la misión que el gaucho de Güiraldes ha de cumplir para su Argentina y para su América. Cuando esté cumplida esa misión pedagógica y reformadora, podrá irse, como Don Segundo se va y desaparece al final del libro.

En ese aprendizaje desfila la vida gaucha y sus tipos; pero no ya en el tono de costumbrista, sino en el de la revelación poemática. Nada es pintoresco, sino verdadero y necesario.

Para crear su símbolo, Güiraldes aplica a lo popular y al dato realista una prosa llena de lirismo y una composición de mucha sabiduría artística. Entre el lenguaje popular metafórico del gaucho y el lenguaje metafóricoartístico de Güiraldes llega a crearse una indisoluble unidad estética. Esa fusión de lo popular y de lo artístico, que es una de las características de la novela contemporánea, en nadie llegó antes a tal virtuosismo. Tiene un sabio primitivismo de gesta popular.

117

Algunos han criticado a esta obra los defectos indudables que tiene desde el punto de vista de los requerimientos de la novela: su falta de arquitectura, su idealización excesiva del gaucho, la inconsistencia de su personaje principal. Estos defectos los compensan con creces sus virtudes, que ya hemos señalado.

Pocos libros han afirmado de una manera más eficaz las inmensas posibilidades de la americanidad literaria. Ninguno ha influído más que él en el destino ulterior de la novela americana.

El criollo, en presencia de la inmensidad natural, ha creado los elementos propios de una epopeya moral, que en *Don Segundo* y en otras novelas americanas ha empezado a tener su leal testimonio literario.

El novelista más realizado y completo de este tiempo es el venezolano Gallegos.

Rómulo Gallegos (1884) nació en Caracas. Durante los años de su formación y de su madurez fué profesor y escritor. No salió de Venezuela hasta pasados los cuarenta años de su edad. Vivió algunos años en exilio en España. Regresado a su país en 1936, entró en actividades políticas, que terminaron por absorberlo por entero. Fué Ministro de Educación, dirigente de un partido político y, como consecuencia del golpe militar de 1945, Presidente de la República, hasta que fué derrocado por otro golpe militar.

Gallegos logró darle un sentido más equilibrado y más universal al criollismo que habían cultivado sus antecesores. Excelente observador de la realidad e insuperable retratista, su realismo y su psicologismo están tocados de lirismo poemático. Es característico de Gallegos el equilibrio de la composición y la mesura del ritmo. Su arte de novelista, con ser tan atinado, es, por eso, un poco intemporal.

Ha compuesto en sus obras una serie de amplios

frescos de la vida venezolana, caracterizados por el gusto de la descripción de la Naturaleza y por la penetración en los resortes psicológicos y morales de la vida popular.

Las novelas son, a la vez que los retratos regionales de Venezuela, los fragmentos de una especie de epopeya moral, en que los héroes del bien y de la civilización luchan contra las fuerzas del mal y de la barbarie. De ahí que muchos de sus personajes estén cargados de intención simbólica.

Gallegos es por excelencia un novelista de la vida rural y de la lucha del hombre contra la tradición maléfica y contra la naturaleza salvaje.

La primera novela es *El último solar* (1920), reimpresa luego con el título de *Reinaldo Solar*. El personaje, muy típico de la novela americana, es un intelectual abúlico y exaltado en lucha perdida contra el medio hostil. Ya en esa obra primigenia están presentes sus grandes virtudes de creador y sus características. La lentitud del ritmo, la densidad del panorama humano que presenta; pero todavía no ha llegado a la exactitud sorprendente de la lengua popular y a la múltiple creación de tipos vivos, en la que en sus obras posteriores no lo aventaja ningún novelista americano.

En 1925 aparece *La trepadora,* que es una novela desigual. En su primera parte, campesina, da Gallegos toda su mesura de escritor descriptivo y de creador de caracteres. En la otra parte, que discurre en la ciudad, hay apresuramiento, convencionalismo y falsedad de situaciones, diálogos y personajes.

En *Doña Bárbara* (1929) este autor llega a más completa fusión de sus elementos y de sus facultades creadoras. Es la lucha de la civilización y la barbarie en la llanura primitiva; pero la alegoría, visible al través de los simbólicos personajes principales y de acentuaciones

innecesarias (Santos Luzardo es el nombre y Altamira
es el fundo del campeón del bien y la civilización, y
la encarnación del mal es Doña Bárbara, dueña del
hato de El Miedo), no llega a palidecer el don de vida
puesto en los personajes ni el calor comunicativo del
movimiento del relato. Costumbrismo, paisajismo, popularismo, simbolismo moral; toda ella se combina en
un magistral relato realista, sobrio, y presidido por una
armónica mesura.

Si por algo peca es por exceso de simetría, de corres-
pondencias, de paralelismos, porque a veces parece re-
dondear y atar demasiado, y con ello el libro pierde en
espontaneidad, en soltura y en fuerza.

Esa misma visión de la llanura, en un libro menos
complejo y menos denso, pero más suelto y lírico, lo
repite Gallegos en *Cantaclaro* (1934). El tema central
es el de las andanzas del fabuloso cantor Florentino,
especie de Santos Vega de la llanura venezolana. Para
algunos es su obra de más calidad literaria.

Luego aparece *Canaima* (1934), novela de la selva
guayanesa y de los buscadores de oro, de sarrapia y de
balatá. Una novela de la alucinación de la selva y de
los hombres alucinados que ella forma. Rica en descripciones, cuajada de caracteres vivos, aunque a ratos melodramática, y literariamente falsa.

En sus obras posteriores, aunque fragmentariamente
en escenas o personajes sueltos, hace algunas de sus
creaciones más admirables, no llega a la plenitud de
estas tres novelas capitales.

Pobre negro (1937) es la novela del negro, del cacao
de Barlovento y del ambiente de la guerra federal. *El
forastero* (1942) es un relato confuso, truculento y aho-
gado de intenciones y de alegorías. *Sobre la misma tierra* (1943) es la novela del lago de Maracaibo, la ciudad
lacustre, el petróleo, los indígenas. Es obra mucho más

valiosa que las dos anteriores, pero en ella Gallegos ya se repite un poco.

Novelista malogrado, de una sola gran novela, en quien el sentido poemático del relato y la interpretación lírica de la realidad llegan a un tono de canto, es el colombiano José Eustasio Rivera (1889-1928).

Nació en Neiva, ciudad tropical a orillas del río Magdalena. Estudia en Bogotá hasta graduarse, sucesivamente, de maestro y de abogado. Más tarde viaja por el interior del país como inspector de yacimientos petrolíferos y, nombrado miembro de una comisión de límites con Venezuela, conoce la selva y los grandes ríos: Mota, Orinoco, Río Negro, Vaupés, Casiquiare. De allí sale su libro. De su libro, una súbita fama literaria. En 1928 viene a Nueva York, con motivo de preparar una edición. Allí muere, fulminado por la pulmonía.

En 1921 se inició en las letras con la publicación de *Tierra de promisión,* un volumen de sonetos parnasianos de una rara perfección formal y de un gran poder de síntesis descriptiva. Son verdaderos esmaltes de la fauna y de la flora tropicales, en medio de las cuales creció.

La vorágine se publicó en 1924, y acaso fué escrita mientras convalecía del «beri-beri» contraído en la selva.

Es un relato exaltado y tenso, narrado en primera persona, cuyo personaje y tema es el demoníaco poder fascinador y destructor de la selva. La selva se anima, se personifica, se transforma en infinitos seres y dialoga con el alma atormentada de Arturo Cova. Allí desfilan todas sus monstruosidades y todas sus maravillas: arañas, caimanes, caribes, serpientes, la gigantesca procesión de los árboles y hombres zarandeados por los apetitos, la superstición y el terror.

Su patetismo realista llega a la deformación romántica. Muchas veces el tono es delirante, y lo que se
trasluce es una como sobrerrealidad poética.

Todo lo que en la selva es impresionismo desbordado,
es en los personajes realismo certero. Los más de ellos
constituyen admirables estudios de caracteres tomados
directamente de la realidad. El menos dibujado y reco-
nocible es el del protagonista Cova. Es quien lleva el
relato y quien marca la intensidad de la emoción, y termina por disolverse en la monstruosa dimensión de
aquel infierno moral y natural.

Libro profundamente americano por la manera y
por la materia, su clasificación es difícil. Algo tiene de
los románticos, pero no en imitación, sino en actitud.
Algo del realismo. Pero todo ello absorbido y transfi-
gurado en una intención deforme del Destino del criollo ante la Naturaleza, que no es otra cosa que ese senti-
timiento trágico de la Naturaleza, presente en lo más
de la vida y de la literatura americanas.

El tono de *La vorágine* es insostenible por lo alto y
agudo. Es un cúmulo de visiones y un canto de pasión mística por la naturaleza destructora, que está entre la poesía y la novela, desbordada de todo límite de
género. Sus mejores páginas son las que describen el
impresionante escenario o lo trágicos acontecimientos
fatales.

En cierto sentido es una obra reveladora no sólo de
un temperamento individual, sino de una característica cultural. En ella está la selva como demonio teoló-
gico y como tentación.

El éxito del libro ha sido grande y merecido. Ha com-
pletado la excepcional serie de grandes obras novelescas
de su tiempo, e incorporó la selva a la empresa poemática de la novela americana de su hora.

En algunos novelistas de esta etapa empieza a asomar la preocupación por lo social de manera dominante. Algunos, con técnica naturalista ya retrasada, inician una novela, que más que satírica es de denuncia de la realidad social y de imitación revolucionaria. Una manera que va a tener más tarde amplia repercusión.

Uno de los más caracterizados dentro de este tipo es el cubano Carlos Loveira (1882-1928). Salió del pueblo, se formó como autodidacta, fué fogonero y organizador de sindicatos obreros; profesó, por convicción rebelde y por sentimiento, ideas socialistas. Fué periodista. Detestaba el orden social tradicional con el que había tenido que luchar. Su obra está dirigida a desacreditarlo con la pintura de sus llagas y a destruirlo con la creación de una nueva conciencia política. Es un propagandista de un socialismo un poco melodramático, ingenuo y sentimental.

«Escribí mi primera novela por necesidades de la propaganda socialista», ha confesado. Sus obras tienen un marcado sabor autobiográfico. Es un buen observador de la realidad, pero de una realidad limitada por sus necesidades de propagandista. Toda su obra está saturada de sensualidad, odio y violencia. Se detiene en lo erótico, lo indigno y lo repugnante. Su estilo es periodístico y, con frecuencia, muy descuidado. Observa bien sus personajes, es exacto en los diálogos; pero compone sin orden. Sus obras son como series de escenas sueltas. No se libra de la vulgaridad. La impresión final es pesimista.

Su primera novela, *Los inmorales* (1919), es un alegato contra la moral burguesa y en defensa del divorcio.

Generales y Doctores (1920) es una sátira de la época de la independencia. *Los ciegos* (1922) es un ataque al clero católico y a su influencia en los hogares. *La última lección* (1924) pinta la caída de una mujer, víc-

tima del medio social, y, por último, *Juan Criollo* (1927),
a la que muchos consideran su mejor obra, es una especie de relato picaresco del criollo aventurero e in-
moral que trepa adaptándose a una sociedad corrom-
pida. Frente a la ligereza moral, predomina en ella el
erotismo. Es obra fuerte a ratos.

A esta misma tendencia, aunque más exenta de influencia formal naturalista, pertenece el boliviano Gustavo A. Navarro (Tristán Marof) (1896).

Navarro principió en 1918, con *Los cívicos,* relato
juvenil de rebeldía, de sátira política y de ataque al
orden imperante. Más tarde, en *Suetonio Pimienta*
(1924), hizo un afortunado ensayo de novela de caracteres, en forma periodística, en la que caricaturiza la
vida de algunos hispanoamericanos en París. Posteriormente, ha incursionado en la novela de propaganda
marxista, en *Wall Street y hambre* (1931), tenso relato
brutal y subjetivo, de sentido revolucionario, que trans-
curre en un Nueva York inhumano y sombrío.

También es la observación crítica del medio social
lo más característico de la obra del escritor uruguayo
(nacido en España) Vicente Salaverri (1887). Cuentista y novelista notable, ha retratado con asimiladora
simpatía el campo y la vida uruguayos. Sus dos novelas *Este era un país* (1920) y *El hijo del león* (1922) le
han dado un rango notable entre los autores naturalistas.

En situación análoga se halla la novela del para-
guayo Juan Stefanich (1889) *Aurora* (1920), estampa
de La Asunción y del ambiente de las guerras civiles
y de la violencia política.

La sátira social y política se convierte en humorismo
en ciertos valiosos escritores, que dan una nota relati-
vamente escasa en el panorama de la novela hispanoamericana, generalmente adusta y trágica.

Martín Gómez Palacios (1893), de México, ha cultivado con acierto esta manera, en una serie de novelas vivaces, en que retrata con donaire y penetración personajes y cuadros de la vida mexicana. Ha publicado: *La loca imaginación* (1915), *A la una, a las dos y a las...* (1923), *El santo horror* (1925), *El mejor de los mundos posibles* (1927), *La venda, la balanza y la ejpá* (1936) y *El potro.*

El boliviano Gustavo Adolfo Otero (Nolo Báez) (1896), con gruesa sal ha hecho la caricatura, más repugnante que risible, de algunos tipos nacionales: el infrahombre que trepa en la política en *El honorable Poroto* (1921) y la deformación y decadencia que el medio engendra en el individuo en *Cuestión de ambiente* (1923). La obra de Otero, que revela descuido y precipitación, se completa, posteriormente, con la novela de propaganda nacionalista sobre la guerra del Chaco, *Horizontes incendiados* (1933).

El más notable de los autores de este tipo es el argentino Arturo Cancela (1895). Se reveló en 1922 con el libro *Tres relatos porteños,* integrado por tres novelas cortas. Su humorismo era más refinado que el de la simple caricatura de personajes locales, más universal que la sátira tradicional y, al mismo tiempo, de una calidad americana más honda y permanente. No hace chistes, no es el adjetivo inesperado el que despierta la risa ni la escena incongruente; la risa en él nace de los hechos, de la manera de verlos y de narrarlos.

Su humorismo está tocado de piedad y de angustia. No tiene amargura. Sabe mirar en los hombres y en las cosas el detalle característico y revelador. Por eso sus relatos son porteños sin trajinar los viejos caminos del color local. Además sabe narrar con gran fluidez y en un estilo breve y preciso que no excluye lo lírico.

Ese libro anunciaba la personalidad excepcional de un narrador y de un humorista criollo. Desgraciadamente, desde entonces, Cancela, absorbido por sus labores de periodista en Buenos Aires, le ha consagrado poco tiempo a la literatura narrativa. Ha publicado algunas recopilaciones de glosas y ensayos, y tan sólo en la *Historia funambulesca del Profesor Landormy* ha vuelto a la vida veta de sus primeros relatos. Es una especie de novela picaresca en el marco del moderno Buenos Aires. Allí vuelve a pintar con mano segura lo porteño, hace buenos retratos psicológicos y reencuentra el difícil camino de la sonrisa. Un poco más elaborado y convencional que Cancela es el chileno Jenaro Prieto (1889).

Prieto comenzó a darse a conocer en los periódicos de Santiago como escritor de artículos de sátira política y social. Lo caracterizaba un sentido de la burla, agresivo y temible.

En 1926 hizo su primera incursión en la novela con la obra *Un muerto de mal criterio,* que fué recibida con muchos elogios de la crítica. La construcción de la novela es artificiosa, y el tipo de humor, corrosivo. El tema central es una sátira de la Justicia, hecha al través del raro caso de un Juez, que, en estado de catalepsia, creyéndose muerto, sigue administrando justicia en su imaginación. Son sucesivos cuadros de litigantes y de jocosos conflictos.

Parecida artificiosa concepción, que toca la manera pirandelliana de plantear el problema de la personalidad, reaparece en su obra *El socio* (1923). Es la historia de un hombre que prospera en el mundo de los negocios por la influencia de un ser inexistente, que él ha inventado. Hay animación y gracia en los relatos de Prieto. Hay risa verdadera. Pero su penetración de lo humano no es profunda.

Debe señalarse también un tipo de escritores regionalistas, con un modo más familiar y evocativo que épico, y, a veces, con ciertos toques de reminiscencia tradicional. Son como los criollistas de tono menor.

Personifica bien esta manera el argentino Miguel Angel Correa (Mateo Booz) (1881-1943).

Fué periodista, y radicado en Santa Fe, hizo de esta ciudad el centro de su vida y el tema de sus obras.

Por el lado de lo llano y de lo popular tuvo un ligero parentesco con Hugo Wast. Esto es visible, sobre todo en sus dos primeras obras, *La reparación* (1919) y *El agua de tu cisterna* (1920).

Casi exclusivamente con el ambiente, los personajes y la historia de su ciudad predilecta, escribió once volúmenes de novelas, reminiscencias históricas y poesía, y cerca de doscientos cuentos.

Es un narrador ameno y de estilo sencillo, que parece complacerse en la acumulación de pequeños detalles, que adquieren significación.

Sus obras más celebradas son *La vuelta de Zamba* (1927), *El tropel* (1932), *La mariposa quemada* (1937) y *La ciudad cambió de voz* (1938).

César Carrizo, argentino de La Rioja, ha dedicado su extensa y valiosa obra literaria a la descripción regional y a un costumbrismo tocado de documento folklórico, en novelas, cuentos, poesías y obras descriptivas. Entre sus muchas obras no deben dejar de mencionarse *El domador* (1934), *Caminos argentinos* (1936) y *Viento de la Altipampa* (1942).

De Catamarca (Argentina) es Carlos B. Quiroga (n. 1890), y por el tono regional y descriptivo de buena parte de su obra, puede incluirse en el grupo que venimos describiendo, aun cuando su preocupación por el problema técnico de la novela y su ensayo de relato filosófico y trascendental lo distinguen de los anteriores.

Su primera obra es de 1921, pero lo más sólido de su mérito literario se funda en su novela *La raza sufrida* (1929), especie de novela caótica de la cordillera y el mestizo y de libro de memorias narrado en primera persona, en párrafos incisivos y rápidos. Hay color y fuerza lírica en este libro del noroeste argentino, que a ratos alcanza una calidad excepcional.

Del camino tan promisor que anunciaba esta novela, se ha extraviado Quiroga en la novela teológica, psicoanalítica y trascendentalista, publicada en dos partes: *Almas en la roca* y *El tormento sublime* (1938).

Más caracterizado dentro del grupo queda el colombiano Daniel Samper Ortega (1895-1943), erudito, bibliófilo, hombre de fecunda vocación para empresas culturales, que escribió amenos relatos sentimentales, con tono de evocación y gusto de costumbrista. A este tipo pertenecen sus novelas *Entre la niebla* (1926), *La Marquesa de Alfandoque* (1926) y *La obsesión* (1936). En *Zoraya* (1931), la más celebrada de sus obras, entra en el dominio de la novela histórica.

Conectados con esta manera de evocación regionalista, surgen algunos autores, que van a poner el énfasis en el análisis psicológico, en la introspección y en el estudio interior de la evolución de ciertos caracteres.

Con extraordinarios dones se destaca entre éstos la venezolana Teresa de la Parra (1890-1936). Teresa de la Parra fué una dama de la alta clase social de Caracas. Formada en casas llenas del espíritu tradicional, completó su educación en España, y visitó a Francia, donde residió más tarde por largos años. Personificaba el espíritu, las maneras y los conflictos de la señorita hispanoamericana de aquel tiempo de transición.

Empezó a escribir por pasatiempo. La primera y

más famosa obra, *Ifigenia* (1924), lleva el significativo subtítulo de *Diario de una señorita que escribió porque se fastidiaba*. Más que una novela es un libro de memorias un poco fantasiadas. Son las confesiones del conflicto espiritual de la criolla típica de los años del 20, afrancesada por fuera y tradicional por dentro, que se debate en un dédalo de vacilaciones, de inhibiciones y de impulsos. Está escrita en una prosa flúida y elegante, en gracioso tono de confidencia y de murmuración. Esta obra, rica de contenido y llena de sustancia vital, le ganó a su autora rápido renombre.

Cinco años después publicó su segunda y última novela, *Las memorias de Mamá Blanca* (1929). Es obra más madura y más equilibrada que *Ifigenia*, pero con menos espontaneidad y menos vitalidad comunicativa. Está escrita en un emocionado tono de evocación, pinta con suaves tonos la infancia de la autora en una hacienda venezolana y está llena de retratos veraces y a veces conmovedores. La prosa de Teresa alcanza aquí su más alta calidad. Se hace más plástica, más armoniosa, más justa. El relato tiene un don de comunicativa indulgencia sentimental. Aun cuando corta, es de excepcional calidad la obra de esta insigne escritora.

En la novela psicológica se inicia también el mexicano Xavier Icaza (1892), con su obra *Dilema* (1921), de análisis de estados de alma, escrita con finura y sensibilidad de poeta.

Más tarde, Icaza se ha aventurado por nuevos caminos: en el de la novela regional con *Gente mexicana* (1924), y con *Panchito Chapapote* (1928), narración a la vez fantástica y de poderoso realismo, se acerca con tono de humorista a la trágica conmoción de la revolución mexicana.

Se renueva en este período el interés por el relato

129

histórico; pero no ya con meros fines de evocación, sino como raíz del presente, experiencia vivida y comprensión del proceso social. A veces, más que novelas históricas, en el sentido más preciso del vocablo, son crónicas noveladas, visión viva de lo que del pasado está vivo.

Crónicas, precisamente, llama a sus obras el notable escritor uruguayo Justino Zavala Muñiz (1897). Hombre directamente vinculado al campo y a la historia uruguaya, entra a la literatura con el propósito de defender la memoria de su abuelo, el caudillo gaucho Muñiz, de los ataques de sus enemigos políticos.

La defensa se convierte en una vigorosa evocación y en un gran fresco novelesco *La crónica de Muñiz* (1921). Es libro lleno de acción, de pasión y del sentido de la vida uruguaya. La técnica es directa, rápida y dramática. El gaucho, la montonera, el campo uruguayo están vivos en él.

Con igual técnica y con el mismo tono retrospectivo y verídico, ha publicado Zavala Muñiz otras dos obras de importancia: *Crónica de un crimen* (1928), relato de mórbido fatalismo y de un realismo a la rusa, y *Crónica de la reja* (1930), que es la evocación de la pulpería y del gaucho pacífico, que ya no conoce la montonera, sino la labranza.

También crónicas son, en cierto modo, las finas y penetrantes evocaciones de ambientes y personajes que ha realizado el gran prosista venezolano Enrique Bernardo Núñez (1895).

Habiendo repudiado sus primeros ensayos novelescos, realizados hacia 1920, Núñez ha dado lo más valioso de su obra a partir de *Cubagua* (1931), evocación en dos planos, de mucho lirismo, de la isla de las perlas.

Don Pablos en América (1932) es una estampa literaria y satírica. El lenguaje de Núñez es de una extraordinaria finura y precisión en los matices. Completan sus crónicas *La galera de Tiberio*, (1938), del ambiente del canal de Panamá, y *El hombre de la levita gris*, fina y ácida aguarfuerte de la época del Presidente Castro, de Venezuela.

TERCERA ETAPA (1928-1937)

Durante este período, que es el más estrictamente contemporáneo, la novela hispanoamericana acentúa más aún algunos de sus rasgos distintivos. El tema social, con miras reformistas, adquiere impresionante extensión, variedad e intensidad. Grandes conmociones históricas (la revolución mexicana, la guerra del Chaco), fenómenos sociales y económicos (la explotación del indio, la penetración imperialista, el latifundio), una más atinada combinación de lo culto y lo popular, que tiende a una universalización de la vida regional y de la circunstancia criolla, provocan densos y valiosos grupos de novelas.

Es época también de más contacto con las literaturas extranjeras. Hay deseo de renovación de la técnica y de las formas. En algunos escritores se nota el eco de Joyce, el de Kafka, el de Faulkner. La novela entra por nuevos caminos y ensaya formas nuevas. La mezcla de escuelas, tendencias o influencias, se acentúa y se hace más característica.

La tendencia criollista, formada en la hora del modernismo, se afirma y llega a constituir, acaso, la corriente más rica y propia de la novela hispanoamericana. La novela de la revolución mexicana es una de las más caracterizadas fases de la novela americana de tema social, y por obvias razones ha venido a ocupar en México el sitio y la misión de la tendencia social, como también, en buena parte, la de la faz indigenista que se va a dar en los países andinos, que carecieron del tema épico de aquel vasto conflicto social.

Acaso se podrían distinguir tres momentos dentro de esa novela. Azuela personificaría el primero, que es como el retrato objetivo de un movimiento popular en marcha, en que el artista participa queriendo desentrañar el contenido y el rumbo. Su héroe es el peón Demetrio Macías. El segundo movimiento, que representaría Guzmán, es el de la visión de la revolución como pasado, en actitud rememorante. Su héroe es el Pancho Villa de los corridos y de la Historia. El tercero y último es el que inician los novelistas del tipo de Ferretis y de Romero, que es el de la revolución como desengaño. La actitud satírica y el relato anecdótico de su descomposición y de sus efectos demoralizantes. Su antihéroe es Pito Pérez.

LA NOVELA DE LA REVOLUCION MEXICANA

La trágica y profunda conmoción que agitó fecunda y dolorosamente al pueblo mexicano por casi dos décadas, tuvo su primera gran manifestación literaria, fuera de los corridos populares, en *Los de abajo de Azuela*. El gran ejemplo y el gran hallazgo que esta obra significaba no vino a tener toda su repercusión sino más tarde, precisamente a partir de 1928. Es entonces cuando se escriben numerosas novelas sobre la revolución mexicana, entre las cuales no pocas de extraordinario valor.

El año de 1928 publica Martín Luis Guzmán (1887) *El águila y la serpiente*. Guzmán había sido periodista, revolucionario, secretario de Pancho Villa. En esa obra, que es más una crónica colorida e impresionante que una novela, puso su propia experiencia y su emoción de mexicano. En una sucesión de cuadros grandiosos, veraces y sombríos dió una imagen imborrable de la lucha en México, sin seres de ficción, sino con héroes y sucesos históricos. Era como un canto patético y fatalista a la violencia.

En *La sombra del Caudillo* (1929) entra más en el campo de la ficción, pero con menos fuerza creadora y poder de alucinación que en la obra anterior.

A partir de 1938 ha empezado a publicar una vasta obra con el título de *Memorias de Pancho Villa.* Han aparecido cuatro tomos. Es la vida del fabuloso caudillo, narrada en primera persona. Limitado a las posibilidades del lenguaje campesino y de la educación del guerrillero, Guzmán llega a ratos a crear una obra de extraña calidad, popular y literaria a la vez, algo que recuerda la poesía juglaresca y que tiene el sabor y la simple autenticidad de lo épico.

Gregorio López y Fuentes (1897), de la Huaxteca veracruzana, es autor de una valiosa serie de novelas en las que cubre la vida mexicana de la revolución y del campo. Junto al tema de la violencia, considera los problemas sociales y agrarios. Es novelista de la tierra y del peón. Escribe con impetuosa rudeza. Se inició en 1931 con *Campamento,* estampa de la revolución. Desde entonces ha venido escribiendo con excepcional regularidad una ya larga serie de novelas documentales: *Tierra* (1932), *Mi general* (1933). En 1935 ganó el Premio Nacional de Literatura, con su novela *El indio,* en la que recoge, en cierto modo, el tono, la preocupación y la manera de la novela indigenista andina. *Arrieros* (1937) es novela de tradición campesina; en *Huasteca* (1939) plantea el vivo tema del petróleo mexicano. En algunas de sus últimas obras se acerca a la sátira y a lo simbólico, pero sin abandonar enteramente el terreno del folklore y de lo tradicional.

Más en la nota violenta y colorida de la revolución está Rafael Felipe Muñoz (1899), de Chihuahua, la tierra de Pancho Villa. A la evocación de este pintoresco caudillo popular ha dedicado lo más valioso de su obra. Inició el tema con una biografía en 1923, *Francisco Villa*. Luego le dedicó una colección de cuento, *El feroz cabecilla* (1928), y en 1932 culminó con una novela fuerte, animada y verdadera, *Vámonos con Pancho Villa*. Hay poesía en el realismo de Muñoz. Poesía de estampa popular y de corrido. *Si me han de matar mañana* (1933) es otro buen ejemplo de su calidad de escritor.

Libro crudo, verídico, documental y a ratos melodramático es *La Virgen de los cristeros* (1934), de Fernando Robles (1897). Describe el alzamiento religioso en el Bajío; pero ya en él sale, sobre la impresión realista, la preocupación social, que tiende a transformarse en tesis. Ya es la revolución con el color épico atenuado.

Novelista de lo que pudiéramos llamar la retaguardia de la revolución, o de las consecuencias morales y sociales de la revolución de los pueblos mexicanos, es José Rubén Romero (1890). Lejos de su país, con un tono nostálgico, que se mezcla con un humor cínico y benevolente, ha retratado costumbres y tipos populares de Michoacán en una serie de obras valiosas. Narra en primera persona, en lengua muy popular, las aventuras de una especie de picaresca mexicana. Esas «novelas, cuentos, relatos de cosas vividas o como ustedes quieran llamarlas», según dice el autor, son: *Apuntes de un lugareño* (1932), *Desbandada* (1936), *El pueblo inocente* (1936) y *Mi caballo, mi perro y mi rifle* (1936). Compendio de su visión de lo regional y de su humor desesperanzado es el personaje Pito Pérez, que aparece en *La vida inútil de Pito Pérez* (1938), que está entre la sátira social, la novela picaresca y la visión romántica de la rebeldía individual. La prosa de Romero es ágil, sentenciosa y dotada de cierta reticencia popular, muy mexicana. Posteriormente ha publicado libros en que se aleja de su escenario michoacano y de lo que parece más espontáneo y genuino en su arte, como *Anticipación de la muerte* (1939) y *Una vez fui rico*.

Sátira postrrevolucionaria, en tono humorístico y lírico, ha hecho también Jorge Ferretis (1902). Novelista del fracaso de los ideales, del apostolado estéril, de la corrupción del triunfo, ha escrito algunas vigorosas obras, de ambiente realista y poético, como *Tierra caliente* (1935); vivas estampas regionales, como en *El Sur quema* (1937), y sátiras despectivas y caricaturales, como *Cuando engorde el Quijote* (1937) y *San Automóvil* (1938).

La tendencia reformista es antigua y casi general en la novela hispanoamericana. Esta tendencia se refuerza y se extiende en la etapa que venimos considerando. Es hora de emoción revolucionaria, de influencia socialista, de prédica marxista. Una gran parte de la novela hispanoamericana se hace instrumento de denuncia y de protesta del orden existente o se pone abiertamente al servicio de la revolución social. Es el equivalente criollo de la novela proletaria de otras literaturas. Es la que podríamos llamar, dándole un sentido restringido al vocablo, la novela social. En ella aparecen desde la descripción objetiva de realidades sociales injustas hasta la condenación encendida del orden social y la incitación a la acción violenta. Muchas de estas obras caen claramente bajo el rubro de la propaganda política. En su conjunto son una de las manifestaciones más vigorosas y características de la actual literatura americana. Para atenernos a un simple orden cronológico, comenzaremos con los ecuatorianos. A partir de 1927, el Ecuador ve florecer una extraordinaria y compacta pléyade de novelistas y cuentistas. Es común en ellos el realismo brutal, el desnudo tono documental y la inspiración revolucionaria. Más adelante consideraremos uno de sus aspectos más notables, que es el del tema del indio.

Se han llegado a distinguir dos grupos dentro de los novelistas ecuatorianos actuales: el grupo de Guayaquil y el de la Sierra (Quito, Cuenca y Loja). No se diferencian en técnica ni en intención, sino en temas, por la diferencia de los medios sociales. Convergen en ellos la influencia estética de la literatura europea de postguerra, la emoción social del marxismo revolucionario y la voluntad de interpretar en documentos vivos la realidad ecuatoriana.

Humberto Salvador (1906), de Quito, se había iniciado en 1929 con dos libros, *Ajedrez* y *En la ciudad he perdido una novela.* Ya en ellos se reflejaba su preferencia por la novela de tipo urbano. Su técnica de descomponer la realidad en brutales incidentes dramáticos y su actitud política.

En 1933 publica *Camarada,* novela típicamente proletaria. En ella, el autor no sólo pinta una revulsiva realidad social, sino que interviene e interpola sus párrafos de propaganda. *Trabajadores* (1935) continúa y afirma estas características. Sus personajes son esquemáticos y unilaterales. Son peones que se mueven dentro del ajedrez de una demostración política. Pero la sección es poderosa y el ambiente verdadero. Salvador es escritor prolífico. Lleva publicadas (1944) nueve obras. En las más recientes parece alcanzar un tono más sereno e inclinarse al análisis psicológico.

Alfredo Pareja Díez-Canseco (1908) es uno de los más logrados entre los nuevos novelistas ecuatorianos. También en él predomina lo urbano; sus personajes son de la pobrecía de la tierra caliente: zambos, mestizos, marinos, mujeres y aventureros de Guayaquil. Construye con sujeción a las normas. En él, la voluntad de protesta no deforma el sentido artístico.

En 1931 apareció *Río arriba,* su primera novela. En 1933, *El muelle,* obra de realismo cabal y fuerza lírica, que es, acaso, lo más importante de su autor. *La Beldaca* (1935) es la historia de una balandra guayaquileña y el incendio del puerto en 1896. *Baldomera* (1938) es la novela de una mujer del pueblo, de su hijo mestizo y del odio de clases estallando en violencia. En *Don Balón de Bolo* (1939) ha ensayado un tema de sátira social y de caricatura quijotesca, pero sin grandeza y sin humor. *Hombres sin tiempo* (1941) es un relato de la cárcel, y en *Las tres ratas* (1944) ha vuelto con tono maduro a la vida de la clase media guayaquileña.

La costa seca, no la tierra boscosa y fluvial, ha sido el tema del novelista guayaquileño Demetrio Aguilera Malta (1909). Sus personajes son mestizos reconcentrados, trágicos y taciturnos, distintos del comunicativo «Montuvio» de Guayaquil, que han retratado otros novelistas de su grupo.

Abundan en personajes reales *Don Goyo* (1933) y *La isla virgen* (1942), que pintan esa realidad en estilo dramático. En *Canal Zone* (1935) trata de los norteamericanos en Panamá con ánimo de propaganda antiimperialista.

También del grupo de Guayaquil es José de la Cuadra (1904-1941), gran cuentista, que alcanzó a dejar una muy valiosa novela sobre el «Montuvio», el mestizo de la costa fluvial, en *Los sangurimas* (1934).

Del mismo grupo es Enrique Gil Gilbert (n. 1913), quien, en *Nuestro pan* (1941), ha hecho una notable obra de realismo directo y conmovedor sobre el cultivo del arroz en la costa ecuatoriana.

El revolucionario Enrique Terán, como parte de su lucha política, escribió la intensa novela *El cojo Na-*

varrete (1940). La dedica al «proletariado ecuatoriano que un día ha de realizar la revolución social». Narra en ella la trágica aventura del cholo que se enrola en la revuelta liberal de 1895 y que, defraudado en sus esperanzas de justicia, se hace bandolero. El personaje central respira verdad y vida y no llega a desnaturalizarlo la propaganda política que hace el autor.

Hernán Robleto (1895), nicaragüense, que ha vivido largamente en México, empezó por escribir sobre temas de la revolución mexicana. La ocupación norteamericana de Nicaragua y las luchas de Sandino le dan el tema para su primera obra importante, *Sangre en el trópico* (1930). De tendencia política y social semejante son *Los estrangulados* (1933).

José Mancisidor (1894), de México, se inició con el tema crítico de los aspectos negativos de la revolución mexicana en *La asonada* (1931), para pasar luego a hacer novelas de declarada propaganda comunista. *La ciudad roja* (1932) y *Nueva York revolucionario* (1936) pertenecen a esta tendencia.

Fuerte novelista de tema social es el mexicano Mauricio Magdaleno (1906). Su tema preferente es la tierra y el campesino. En *Campo Celis* (1935) ha pintado con vigoroso realismo el problema del arrendatario del suelo, y en *El resplandor,* un pueblo de indios en lucha con la tierra yerma y con la injusticia. En *Sonata* (1941) ha ensayado, con menos acierto, un estudio psicológico de la soledad.

·El humorista, el sociólogo y el novelista de gran poder de sensibilidad y de recreación se combinan en la personalidad de Teodoro Torres (1891-1944), a quien los críticos de su país consideran una de las mayores figuras de la novela mexicana.

Empezó su breve obra de novelista ya en la madurez. *La patria perdida* (1935), en la que entra con profundo tino en el estudio de la emigración mexicana a los Estados Unidos. Es obra lírica y dramática, llena de realismo. Maneja con acierto el tema de lo colectivo.

Sin embargo, se considera superior su obra póstuma *Golondrina* (1944), densa novela de la ciudad y del campo, que tiene por tema la decadencia y el empobrecimiento de los pueblos a raíz de la revolución. Hay lirismo y humor en esta obra realista, tan cabal y tan plena de vida regional.

También, en cierto modo, pertenece al tema social el mexicano Rubén Salazar Mallén (1905). Problemas de ese tipo, junto con análisis psicológicos, hay en su obra, *Camino de perfección* (1937).

El gran poeta peruano César Vallejo (1893-1938), que se inició en la literatura narrativa en 1923 con un intento de novela, *Fabla salvaje,* publicó en 1931 *El tungsteno,* novela de mineros explotados y de imperialismo, que está por debajo de la poesía de Vallejo.

Las convulsiones políticas del Perú en los años posteriores a la primera guerra mundial dieron aliento a una nutrida literatura de tema político y social.

Serafín Delmar (1901), político revolucionario, es condenado a larga prisión. En la cárcel de Lima escribe una novela poemática y de propaganda sobre el sangriento alzamiento aprista de Trujillo, *Sol: están destruyendo a tus hijos* (1941).

Juan Seoane (1898), compañero de prisión y de ideas políticas de Delmar, comenzó a escribir en la cárcel. En 1936 publicó un libro de notable simplicidad y fuerza emotiva, *Hombres y rejas.*

José Díez Canseco (1905) ha retratado las clases populares peruanas en *Estampas mulatas* y *El kilómetro 83* (1930) y ha escrito una novela satírica de la alta sociedad limeña en *Duque* (1934).

El colombiano César Uribe Piedrahita (1897) ha es-

crito fuertes novelas de propaganda marxista. Especialmente *Mancha de aceite* (1935), relato bien logrado de
las explotaciones petroleras en el lago de Maracaibo.
También, sin abandonar su punto de vista, ha escrito
una interesante novela de la selva, *Toa* (1934).

Un notable conjunto de novelas, de concepción so-
ciológica y tema reformista, ha escrito José A. Osorio
Lizarazo (n. 1900), de Colombia. De entre ellas deben
mencionarse *La casa de vecindad* (1930), *La cosecha*
(1933), *Garabato* (1939) y *El hombre bajo la tierra*
(1944).

La mañosa es una notable novela de intención social, del dominicano Juan Bosch (1909).

De los venezolanos hay que nombrar a Ramón Díaz
Sánchez (1901), que ha hecho en *Mene* (1936) una penetrante y colorida interpretación de la vida del campamento petrolero, y en 1950, en *Cumboto,* una poderosa concepción regional de realismo y poesía; Antonio Arraiz (1903), poeta y cuentista, que, en *Puros hombres* (1938), ha hecho una de las más patéticas y hu-
manas interpretaciones de la cárcel criolla y de sus
habitantes. Más tarde, con *Dámaso Velázquez* (1943),
ha entrado en la novela de la Naturaleza y de la vida
regional, retratando con poética delectación los pesca-
dores y contrabandistas de la isla de Margarita.

Nelson Himiol (1907) y José Fabbiani Ruiz (1911)
han escrito novelas, en que se combinan el documento
social con el análisis psicológico. Son de Himiol: *La
carretera* (1938), viva memoria de los estudiantes pre-
sos bajo el régimen de Gómez; *Alvaro Guaica* (1938),
análisis de una psicología atormentada, y *Todas las lu-
ces llevan a la sombra* (1948). De Fabbiani Ruiz son:
Valle hondo (1934) y *La dolida infancia de Perucho
González*. De tendencia revolucionaria más caracterizada es la única novela del poeta, periodista y humorista

Miguel Otero Silva (1908), *Fiebre* (1939), relato de rebelión estudiantil y de emoción marxista.

Hay un valioso grupo de chilenos. Alberto Romero (1896) estudia con penetración y vivo realismo documental la vida popular de Santiago. De él son: *La viuda del conventillo* (1930) y *La mala estrella de Perucho González.*

También trata del arrabal santiaguino, pero con más definido tono de rebeldía y protesta, Carlos Sepúlveda Leyton. Novelista espontáneo, más de ambiente que de caracteres, que salpica su realismo con imágenes de inesperada eficacia poética. Ha publicado *Hijuna* (1934),. *La fábrica* y *Camarada.*

Juan Modesto Castro ha descrito con simple e impresionante realismo las gentes del hospital de Santiago, síntesis del pueblo pobre, en *Aguas estancadas.*

Andrés Garafulic, hijo de inmigrantes yugoeslavos,. ha escrito la novela del desierto de Antofagasta, de la explotación salitrera y de la complicidad de las clases altas, en *Carnalavaca,* y la lucha económica y la desintegración moral del extranjero en el medio salvaje, en *Pampa brava.*

Angurrientos, de Juan Godoy (1911), es una visión poética y brutal del pueblo hambriento. Nicomedes Guzmán (1914), hombre del pueblo, describe el conventillo santiaguino de su infancia en *Los hombres oscuros* (1940),. libro directo, elemental y agresivo.

LA NOVELA INDIGENISTA (1939)

Una de las fases más características y valiosas de la tendencia social de la novela hispanoamericana contemporánea es la que se designa con el nombre de *indigenismo.* Su tema es la protesta por la explotación del indio. Sus personajes, esquemáticos y contrapuestos, son: el indio esclavizado y embrutecido, el patrón de clase alta, brutal y expoliador, y los representantes de la autoridad y de la Iglesia, pintados las más veces como sus cómplices. Tiene conexiones con la novela proletaria y con la novela de la revolución mexicana; pero tiene marcadas características propias, es más visible en ella el ansia revolucionaria. Comienza en el tiempo alrededor de 1930 y abarca, geográficamente, a los países andinos de mano de obra india: Ecuador, Perú, Bolivia. No aparece en Colombia ni en Centroamérica. En México, sus temas se confunden con los de la revolución. Sus mayores precursores son: en 1879, Clorinda Matto de Turner, y Alcides Arguedas, en 1919.

Sus raíces están en la ideología marxista y socialista y en el nuevo interés por el indio, que comenzó después de la primera guerra mundial. Surge junto con el interés por los estudios económicos y sociales. Sus temas aparecen en ensayistas como Mariátegui y Balcárcel, y recibe aliento y forma en medio de jóvenes intelectuales revolucionarios y en revistas, de las que la más importante es sin duda *Amauta* (1926), dirigida en Lima por José Carlos Mariátegui.

La novela indigenista brota en el Ecuador como un aspecto de la novela social. Su primer vagido está en la novela *Plata y bronce* (1927), de Fernando Chávez, que, con influencia de Arguedas, pinta la explotación del indio por el gamonal, el teniente político y el cura. También se consideran como precursores, aunque en grado menos directo, a Benjamín Carrión, Pablo Palacio y Sergio Núñez.

En 1930 se publicó en Guayaquil un libro de cuentos de tres jóvenes autores, *Los que se van*, por Joaquín Gallegos Lara, Enrique Gil Gilbert y Demetrio Aguilera Malta. Lo caracterizaba el tono violento de las pasiones, la crudeza del lenguaje y el realismo brutal. De allí parten la novela social y la novela indigenista ecuatoriana. Sus personajes van a ser los indios, los mestizos, el cholo de la sierra, el montuvio de la costa.

En 1934 se publica en Quito la más caracterizada novela de la tendencia indigenista, *Huasipungo*, de Jorge Icaza (n. 1902). Icaza había sido periodista, hombre de teatro y militante político. La poderosa calidad de su realismo se había revelado en 1933, en un admirable libro de cuentos, *Barro de la sierra*. *Huasipungo* es un grito estridente de protesta por el peón indio reducido a la abyección y a la miseria. Sombrío, irrespirable, pesimista, brutal, impresiona como un disparo. Los caracteres son simples y monótonos; la acción se deshace en incidentes repugnantes; la forma es descuidada; pero hay una grandeza trágica y un aliento poético en su realismo escueto. En sus obras posteriores, Icaza parece desarrollar un ciclo de la injusticia social en la vida ecuatoriana: la ciudad, *En las calles* (1936); el cholo urbano, *Cholos* (1938) y en *Media vida deslumbrados*. Ni superación, ni renovación ha habido en la obra posterior de Icaza, pero aun así, es la suya de las más valiosas y creadoras dentro de la novela hispanoamericana.

Los más de los novelistas ecuatorianos de tendencia social que ya hemos mencionado tratan en una u otra forma el tema indigenista.

Los indigenistas peruanos aparecen como los herederos de una vieja tradición renovada bajo nuevas preocupaciones. Ya desde Clorinda Matto de Turner había empezado la consideración del indio como problema social. Los jóvenes que reciben el influjo de González Prada, se preocupan por el indio. Los movimientos políticos y estudiantiles acercan los intelectuales al pueblo. *Amauta* alienta el indigenismo revolucionario.

César Falcón publica *El pueblo sin Dios* (1928), novela técnica cinematográfica, cuyo tema es el indio explotado.

En 1930, con prólogo de Mariátegui, aparece *El Amauta Ausparia,* de Ernesto Reyna, relato basado en la historia de una sangrienta insurrección de indígenas a fines del siglo XIX.

José María Arguedas (1911), con bagaje etnográfico y folklórico se acerca al alma del indio en obras de intensa calidad lírica, como *Agua* (1935), cuentos, y la valiosa novela documental *Yawar Fiesta.*

En 1941 el mexicano Miguel Angel Menéndez (nació en 1905), publicó la novela *Nayar,* en la que trata, con estilo poético, sobre la selva y los indios coras.

El más grande renombre entre los novelistas indigenistas lo ha alcanzado el peruano Ciro Alegría (n. 1909). Cada una de sus obras ha ganado un concurso, habiendo triunfado en el que, con mucha publicidad, promovieron entre todos los novelistas hispanoamericanos los editores Farrar y Rhinehart, de Nueva York.

Hasta hoy ha publicado tres novelas, y el tema de todas es el indio de la sierra peruana, su miseria y su lucha para subsistir frente a los poderosos enemigos sociales.

Alegría ha sido militante político en favor de los sectores revolucionarios en el Perú. Trabajó activamente en el partido aprista, del que más tarde se ha separado ruidosamente. Ha sufrido prisiones y destierros. Desterrado de Chile, luchando contra la pobreza y contra la mala salud, escribió lo principal de su obra.

En su visión del indio hay dolor, pero hay también cierto tono de armoniosa serenidad. Ha sabido conjugar como pocos la observación de la realidad, el estudio de los caracteres y los elementos populares con una calidad poética de la visión y las más cultas preocupaciones de la forma.

Su manera tiende a lo objetivo y a lo plástico. Por eso, tal vez, algunos creen ver en su obra trazas de la influencia de Güiraldes y la de algunos escandinavos como Knut Hamsum. Si esas influencias existen, en nada afectan la importancia ni la calidad de su labor de escritor.

Su primer libro, el más lírico y evocativo, es *La serpiente de oro* (1935), novela de la selva y de los cholos del río Marañón. La Naturaleza, grandiosa y enemiga, es su principal personaje.

Los perros hambrientos (1939) es, tal vez, su obra más poderosa, profunda y directa. El hambre entre los indios pastores y sus perros es el tema.

El mundo es ancho y ajeno (1941), obra con la que ganó el sonado premio internacional que ya hemos mencionado, representa el equilibrio y la madurez de sus grandes dotes de novelista. El personaje ahora es toda una comunidad indígena. Sus hombres, sus enemigos, sus acontecimientos faustos e infaustos se tejen en un sinfónico panorama de la vida del indio de la sierra. El discurrir es lento, pero simultáneo en acciones y en contrastes de caracteres. Su galería de tipos es viva y veraz. Es inolvidable la majestuosa estampa del alcalde Rosendo Maqui y la torva del «Fiero Vázquez».

En las fronteras de la novela social y de la indigenista, un poco en simetría con la de la revolución mexicana, aunque menos numerosa y más breve en su florecimiento, aparece en Bolivia la novela de la guerra del Chaco (1932-1935).

Este trágico acontecimiento que tantos sacrificios, dolores y miserias significa para ambos beligerantes, suscitó la publicación de varias obras, notables por su crudeza, su violencia y su tono de revolucionaria rebeldía.

De entre esos narradores bolivianos de la guerra del Chaco hay que mencionar los siguientes: Augusto Guzmán, *Prisioneros de guerra* (1937); Oscar Cerrutto (1907), *Aluvión de fuego* (1935), y Augusto Céspedes, *Sangre de mestizos* (1936).

En cierto modo forman también un grupo los novelistas de tendencia artística. Estos escritores se preocupan fundamentalmente por las cuestiones estéticas relacionadas con la novela. Conciben la novela principalmente como obra de arte, en tono de poesía, con mucho cuidado de la forma y con curiosidad por las más avanzadas novedades de la técnica literaria.

No constituyen un grupo numeroso; algunos son poetas que se asoman en algún momento a las fronteras de la novela, pero muchas de sus obras son de muy alta calidad y han ejercido influencia en la corriente general de la novela de este tiempo. A este grupo pertenecen tres poetas mexicanos muy notables.

Gilberto Owen (1905), que ha hecho finos ensayos de novela excéntrica y lírica a un tiempo, como *La llama fría* (1925) y *Novela como nube* (1926).

Jaime Torres Bodet (n. 1902), que mezcla lo psicológico y lo intelectual en sus matizados relatos de poeta. De él son: *Margarita de Niebla* (1927), *La educación sentimental* (1929), *Proserpina rescatada* (1931), *Estrella de día* (1933) y *Primero de enero* (1935).

Xavier Villaurrutia (n. 1903), quien en su *Dama de corazones* (1928) ha puesto la misma delicada sensibilidad para lo poético que caracteriza su teatro y su poesía.

El cubano Enrique Labrador Ruiz (n. 1902) ha ensayado muchas novedades técnicas para crear en su obra la impresión directa de la vida y de las acciones simultáneas. A este propósito corresponden sus interesantes novelas *Laberinto* (1933) y *Gaseiforme* (1936).

El argentino Enrique Anderson Imbert (n. 1908), muy al tanto de las más avanzadas formas de la novela europea, ha ensayado con acierto la novela poemática en su *Vigilia* (1934), que le valió el Premio Municipal de Literatura de Buenos Aires.

La escritora María Luisa Bombal (n. 1910), de Chile, ha escrito breves novelas de intenso subjetivismo y de limpio y sugerente estilo. La acción se disuelve en un tono apasionado de ansiedad ante el misterio y de avidez sensual. Ha utilizado, en cierto modo, la técnica del relato policíaco, pero con un sentido mágico de la vida y de la realidad. La muerte y el erotismo subjetivo lo han dado el tema de sus dos cortas y hermosas obras: *La última niebla* (1935) y *La amortajada* (1937).

Hay otros novelistas contemporáneos que no corresponden exactamente a ninguno de los grupos señalados hasta aquí, aun cuando, en grado variable, participan de una o más de las tendencias representadas por esos grupos. En ellos, como en los anteriores, continúa la corriente central del criollismo, universalizado y exento, en su mejor parte, de lo característicamente costumbrista.

Benjamín Carrión (n. 1898), crítico y animador del notable movimiento de renovación de la literatura del Ecuador, que se inicia alrededor de 1930, contribuye a él con una novela de intención social y de indagación psicológica: *El desencanto de Miguel García* (1929). Más tarde ha ensayado con poder de evocación y simpatía humana la biografía en *Atahualpa*.

Gerardo Gallegos, también del Ecuador, periodista, andariego, sensible a la emoción social, ha pintado en coloridas novelas, que tienen algo de reportaje, del documental cinematográfico, del estudio folklórico y de la propaganda política, el panorama de algunos de los pueblos americanos que ha conocido. Haití, en *El embrujo de Haiti* (1937); Venezuela, en *El puño del amo* (1938); su región nativa de Loja, en el romance de bandoleros *Eladio Segura* (1940).

La chilena Marta Brunet (n. 1901) se inició muy joven en 1925 con su novela corta *Montaña adentro*. Se caracteriza por la seguridad en el manejo de la acción, el acertado análisis de caracteres y la sobriedad descriptiva. Suya es también *Bestia dañina,* vigorosa tragedia rural.

Eduardo Acevedo Díaz (hijo) (n. 1882) ha seguido las huellas de su padre, el gran novelista uruguayo del mismo nombre, en una notable novela: *Ramón Hazaña* (1932), suyo tema es el gaucho y la estancia del Sur. Mereció el Premio Nacional de Literatura de la Argentina.

Nacido en el Uruguay, pero bonaerense de adopción, es Enrique Amorim (n. 1900) escritor criollista de vigor y de viva curiosidad intelectual. Ha escrito novelas y cuentos, sin abandonar cierta tendencia a lo inmediato que acaso le venga del periodismo, y acercándose a la visión del escenarista de cinematógrafo. Su tema es nativo, pero en busca de lo humano y no del mero color costumbrista. Se inició en 1925 con *Tangurapá,* relato de la vida gaucha. Llegó más tarde a una gran plenitud dramática en *La carreta* (1932), obra de muy curiosa estructura técnica llena de una visión cruel y sombría de la realidad uruguaya. Es autor también de *El paisano Aguilar* (1934), *El caballo y su sombra* (1941), *La luna se hizo con agua* (1944). En ocasiones no ha desdeñado ensayar la novela policíaca.

El argentino Eduardo Mallea (n. 1903) es uno de los novelistas más interesantes y valiosos de Hispanoamérica. A su notable don de creación une un estilo hermoso y justo y una cultura cosmopolita. Es hombre vivamente preocupado por los problemas de su tiempo. Su ángulo de observación es predominantemente intelectual, pero sin que llegue a desentenderse de los hombres y de sus dolores. Está muy al corriente de las novedades literarias europeas, y algunas de sus novelas son ensayos dialogados en torno a ideas, a problemas culturales y a conflictos intelectuales. Hay en él influencia de Huxley, y ha proclamado su admiración por Proust, Joyce y Kafka. La relación de Europa con América y el destino cultural de la Argentina es uno de sus temas recurrentes. *Historia de una pasión argentina* (1937) y *Fiesta en noviembre* (1938) son excelentes planteamientos dramáticos de estas cuestiones. *La bahía del silencio* (1940) es un vasto panorama psicológico e intelectual de la ciudad en el que ensaya con mucho acierto la técnica de la novela en la novela. Suyas también, y valiosas por muchas razones, son: *Nocturno europeo* (1935), *Todo verdor perecerá* (1941), *El vínculo, Las Aguilas* (1943). También ha escrito ensayos y es un notable autor de cuentos.

Miguel Angel Asturias (n. 1889), de Guatemala, ha escrito poco, pero con mucha calidad y originalidad. Su propósito es el de una recreación poética de la realidad criolla con mucha sensibilidad para lo popular y lo tradicional. Su elaborada y densa prosa está llena de imágenes nuevas. Utiliza la lengua como materia plástica y pinta inolvidables estampas llenas de misterio y de intuición mágica. En sus *Leyendas de Guatemala* (1930) hizo el primer ensayo de arte evocativo, concentrado y difícil. Más tarde lo ha aplicado a su apesadillada visión de la tiranía de Estrada Cabrera, en esa novela quevedesca, goyesca y cinematográfica a un tiempo, y tan americana, que es *El señor Presidente*.

Mariano Picón-Salas (n. 1901), junto a su extraordi-

naria labor de ensayista, ha ensayado el género novelesco
en dos felices tentativas, en las que las calidades de su
prosa y su don descriptivo alcanzan grandes efectos.
Odisea de Tierra Firme (1931) es un cuadro violento de
la Venezuela de la dictadura de Gómez; y *Viaje al ama-
necer* (1943) es una deliciosa y colorida evocación de la
ciudad de Mérida, en los Andes venezolanos.

Arturo Uslar-Pietri (n. 1906), venezolano, ha escrito
novelas, cuentos y ensayos. En sus novelas lo histórico
está utilizado como ocasión para estudiar formas de
plenitud de la vida real. *Las lanzas coloradas* (1931)
es una visión de hombres y sucesos arrastrados en el
torbellino de la guerra de Independencia. *El camino de
El Dorado* (1947) es un retrato del tremendo conquistador Lope de Aguirre y de su temeraria aventura.

Antonia Palacios, de Caracas, en *Ana Isabel, una
niña decente* (1949), retrata con gran acierto psicológico y con verdadera emoción evocativa las dramáticas
contradicciones de la niña de clase alta tradicional,
venida a menos, entre la gente popular del barrio pobre.

También venezolanos y autores de obras de importancia dentro de la novela hispanoamericana actual
son Julián Padrón (n. 1910), quien ha tratado de preferencia temas del campo en *La guaricha* (1934), *Ma-
drugada* (1939), *Clamor campesino* (1944) y *Primavera
nocturna,* fino diálogo de amor.

Guillermo Meneses (n. 1911) hace cálidas y penetrantes versiones poéticas de la vida popular y de su ambiente en *Canción de negros* (1934), *Campeones* (1939)
y *El mestizo José Vargas* (1942). También deben nom-
brarse: Arturo Briceño (1908), por *Balumba* (1943), y
Alejandro García Maldonado, por *Uno de los de Ve-
nancio* (1942).

El colombiano Eduardo Zalamea Borda (n. 1907),
es autor de una fuerte y evocadora novela de crudeza

psicológica y violencia, que tiene por escenario la salvaje zona de La Goajira: *Cuatro años a bordo de mi mismo* (1934).

También de Colombia es Bernardo Arias Trujillo (1904-1939), de obra y vida breves. Su hermosa obra *Risaralda* (1936), a la que subtitula *Película de negredumbre y de vaquería,* es un afortunado ensayo de dar en visión gráfica y en proyección poética la vida de un pueblo de tierra caliente y de sus negros. Sabe mezclar hábilmente el realismo, el dialecto negro y el folklore.

El boliviano Diómedes de Pereyra ha escrito notables obras de descripción de la naturaleza de su patria y de tensa acción humana. Suya es *El valle del sol* (1935).

Enrique Serpa (n. 1898), cubano, ha escrito *Contrabando* (1938), valiosa novela de realismo moderno.

Realista también, pero cargado de sensibilidad para lo mágico, lo popular y lo poético, es Alejo Carpentier (n. 1904), de Cuba. Su primera novela, *Ecue-Yamba O* (1933), es una fina recreación del mundo mágico del «ñáñigo» cubano. En *El reino de este mundo* (1949) toma por tema el fabuloso Haití del emperador Cristhope para vislumbrar los aspectos más irracionales y telúricos del alma criolla.

APENDICE

LO CRIOLLO EN LA LITERATURA

América fué, en casi todos los aspectos, un hecho nuevo para los europeos que la descubrieron. No se parecía a nada de lo que conocían. Todo estaba fuera de la proporción en que se había desarrollado históricamente la vida del hombre occidental. El monte era más que un monte, el río era más que un río, la llanura era más que una llanura. La fauna y la flora eran distintas. Los ruiseñores que oía Colón no eran ruiseñores. No hallaban nombre apropiado para los árboles. Lo que más espontáneamente les recordaba era el paisaje fabuloso de los libros de caballerías. Era, en realidad, otro orbe, un nuevo mundo.

También hubo de formarse pronto una sociedad nueva. El español, el indio y el negro la van a componer en tentativa y tono mestizo. Una sociedad que desde el primer momento comienza a ser distinta de la europea que le da las formas culturales superiores y los ideales, y que tampoco es continuación de las viejas sociedades indígenas. Los españoles, que abiertamente reconocieron siempre la diferencia del hecho físico americano, fueron más cautelosos en reconocer la diferencia del hecho social. Hubiera sido como reconocer la diferencia de destino. Sin embargo, la diferencia existía y se manifestaba. Criollos y españoles se distinguieron entre sí de inmediato. No eran lo mismo. Había una diferencia de tono, de actitud, de concepción del mundo. Para el peninsular, el criollo parecía un español degenerado. Muchas patrañas tuvieron curso. Se decía que les amanecía más pronto el entendimiento, pero que también se les apagaba más pronto. Que era raro el criollo de más de cuarenta años que no chochease. Que eran débiles e incapaces de razón. Por su parte, el criollo veía al peninsular como torpe y sin refinamiento. Todo esto lo dicen los documentos de la época y está latente en palabras tan llenas de historia viva como «gachupín», «indiano», «chapetón», «perulero». La misma voz «criollo» es un compendio de desdenes, afirmaciones y resentimientos.

Esa sociedad en formación, nueva en gran medida, colocada en un medio geográfico extraordinariamente activo y original, pronto comenzó a expresarse o a querer expresarse. Hubo desde temprano manifestaciones literarias de indianos y de criollos. No se confundían exactamente con los modelos de la literatura española de la época. Los peninsulares parecían pensar que todo aquello que era diferente en la expresión literaria americana era simplemente impotencia para la imitación, balbuceo o retraso colonial. Algún día superarían esas desventajas y sus obras podrían confundirse enteramente con las de los castellanos.

Esas diferencias literarias existieron desde el primer monento. Empezaron a aparecer aun antes de que hubiera criollos. Surgen ya en la expresión literaria de los primeros españoles que llegan a América y la describen. La sola presencia del medio nuevo los había tocado y provocado en ellos modificaciones perceptibles. Esos españoles, que venían de una literatura en la que la Naturaleza apenas comparece, van de inmediato y por necesidad a escribir las más prolijas y amorosas descripciones del mundo natural que hubiera conocido

Europa hasta entonces. Ya es la aparición de un tema nuevo y de una actitud nueva. Hay también una como ruptura de la continuidad literaria. Cuando van a narrar los hechos históricos de que son testigos, lo hacen resucitando antiguas formas ya en desuso. Van a escribir crónicas.

Se manifiesta también una como resistencia del nuevo medio cultural al trasplante de las formas europeas. A algunas las admite, a las más las modifica, pero a otras las rechaza. Los dos géneros literarios en que florece el genio español en la hora de la colonización, la comedia y la novela realista, no logran pasar a América. Cuando viene un gran novelista como Mateo Alemán, calla o escribe una gramática. No hay en Indias quien imite a Lope de Vega, a pesar de que hubo tiempo en que todo el que podía sostener pluma de poeta lo imitaba en España. En cambio, se cultiva con intensidad y extensión extraordinaria el poema histórico narrativo, que en España no llega a arraigar y tiene una vida efímera y postiza.

Esos rasgos y caracteres diferenciales no hicieron sino acentuarse con el tiempo, dándole cada vez más ser a la realidad de una literatura hispanoamericana que, fuera de la lengua, no tenía mucho en común con la literatura española.

Tardos fueron los españoles en admitir este hecho. Todavía a fines del siglo xix, Menéndez y Pelayo habla de la literatura hispanoamericana como parte de la literatura española, y se propone, en la antología que la Academia le encomienda, darle «entrada oficial en el tesoro de la literatura española» a la «poesía castellana del otro lado de los mares». Con todo, Menéndez y Pelayo no puede menos que atisbar algunas de esas diferencias tan visibles. Para él la contemplación de las maravillas naturales, la modificación de la raza por el medio ambiente y la vida enérgica de las conquistas y revueltas sirven de fundamento a la originalidad de la literatura de la América hispana. Originalidad que para él se manifiesta en la poesía descriptiva y en la poesía política.

También hubo de notar las diferencias Juan Valera. Para él provenían del menor arraigo de los criollos, de la menor savia española. Esto les parecía inclinarlos al cosmopolitismo. No eran éstos rasgos que podían merecer su alabanza. Y tampoco se cuidaba de rastrearlos en el medio colonial para ver si tenían algo de consustancial con el espíritu del criollo.

Esta parca y un poco desdeñosa admisión de la diferencia llega sin modificarse casi hasta nuestros días. Reaccionan contra ella algunos pocos: Miguel de Unamuno, en parte, y Federico de Onís, de un modo tenaz y penetrante. Pero todavía cuando Enrique Díez Canedo se recibe en la Academia Española, Díez Canedo, que amaba y quería entender a América, habla de la «unidad profunda» de las letras hispánicas, y, concediendo una mínima parte a la diferencia, afirma que Garcilaso, «el Inca»; Alarcón, Sor Juana y la Avellaneda, «españoles son, y muy españoles han de seguir siendo».

Y, sin embargo, las diferencias existen, han existido siempre, se han venido afirmando a través del proceso histórico de la formación cultural de Hispanomérica, están presentes en todas las obras importantes de su literatura desde el siglo xvi; lejos de debilitarse, se han venido afirmando con el tiempo, y son mayores y más características que las semejanzas que la acercan al caudal y al curso de la literatura española.

No hay manera más clara de percibir toda la verdad de esta aserción que la que consiste en aplicar a cualquiera de las obras capitales de la literatura criolla los rasgos que se han venido a considerar como los más característicos y persistentes de la literatura castellana. La incompatibilidad brota al instante para decirnos que, precisamente en lo más fundamental, han sido siempre y son hoy cosas distintas.

Don Ramón Menéndez Pidal, autoridad legítima en todo lo que se relaciona con la lengua y literatura castellanas, ha señalado como los caracteres fundamentales de la literatura española los siguientes: tendencia a lo más espontáneo y popular; la preferencia por las formas de verso menos artificiosas; la persistencia secular de los temas; la austeridad moral; la sobriedad psicológica; la escasez de lo maravilloso y de lo sobrenatural; el realismo y el popularismo.

Es obvio que estos caracteres que Menéndez Pidal considera «de los más típicos y diferenciales» de la literatura española no convienen a la literatura hispaoamericana. No son los de ninguna de sus épocas ni se reflejan en ninguna de sus obras más caracterizadas y valiosas. No se hallan en la obra del Inca Garcilaso; es casi lo contrario lo que representa Sor Juana Inés de la Cruz; no aparecen en los libros del Padre Velasco, de Rodríguez Freyle, de Peralta Barnuevo; no están en Concolocorvo, y ni la sombra de ellos asoma en Sarmiento, o en Martí, en Darío o en Horacio Quiroga. Aun las formas más populares de la poesía hispanoamericana, como Martín Fierro, se apartan visiblemente de ese esquema.

No hay duda de que son otros los rasgos que identifican a la literatura hispanoamericana. No sólo llegaron más atenuados a ella los rasgos castellanos, que se impusieron a toda la península, sino que desde el comienzo se afirmó en ella la necesidad de una expresión distinta. Lo castizo no halló sino un eco superficial en su ámbito.

Examinada en conjunto, en la perspectiva de sus

cuatro siglos, la literatura hispanoamericana presenta
una sorprendente individualidad original. Desde el comienzo se manifiestan en ella caracteres propios que
se van acentuando a lo largo de su evolución y que la
distinguen de un modo claro de la literatura española
y de todas las otras literaturas occidentales. Esos caracteres aparecen temprano, se van intensificando con el
transcurso del tiempo y están en todas sus obras fundamentales. El mundo nuevo hallado en el Océano y
la sociedad original formada en su historia llevaron
el eco de sus peculiaridades a su expresión literaria.

No es difícil señalar algunos de esos rasgos característicos. Son los más persistentes y los más extendidos.
Asoman en las más antiguas obras de la época colonial
y continúan indelebles en las más recientes de las últimas generaciones. En grado variable se advierte igual-
mente su presencia en todos los géneros. Desde la historia a la poesía, al ensayo y a la novela.

El primero de estos rasgos propios es, sin duda, la
presencia de la Naturaleza. La Naturaleza deja de ser
un telón de fondo o el objeto de una poesía didáctica
para convertirse en héroe literario. El héroe por excelencia de la literatura hispanoamericana es la Naturaleza. Domina al hombre y muestra su avasalladora
presencia en todas partes. A la árida literatura castellana llevan los primeros cronistas de Indias, más que la
noticia del descubrimiento de costas y reinos, un vaho
de selvas y un rumor de aguas. Los ríos, las sierras,
las selvas, son los personajes principales de esas crónicas deslumbradoras para el castellano que las lee desde la soledad de su parda meseta. Es con bosques, con
crecientes, con leguas, con lo que luchan Cabeza de
Vaca, Gonzalo Pizarro u Orellana.

Aun cuando llegan las épocas más clásicas e imita-
tivas, el jesuíta expulsado hará su poema neolatino so-

bre la naturaleza salvaje de América, la *Rusticatio Mexicana,* de Landívar. Cuando Bello invita a la poesía neoclásica a venir a América, la primera nota de americanidad que le ofrece es el canto a las plantas de la zona tórrida.

Pero ese dominante sentimiento de la Naturaleza en la literatura criolla no es meramente contemplativo, es trágico. El criollo siente la Naturaleza como una desmesurada fuerza oscura y destructora. Una Naturaleza que no está hecha a la medida del hombre.

Cuando Sarmiento considera la vida política y social argentina para escribir a *Facundo,* el medio natural se convierte fatalmente en el personaje de su obra. No es de Rosas, ni siquiera de Quiroga, de quien va a hablarnos; es de la pampa. El la siente, criollamente, como un ser vivo, como una fiera monstruosa que amenaza la vida argentina.

Podría parecer baladí señalar la presencia de la Naturaleza en los románticos, porque en ellos podría ser simple imitación de sus maestros europeos. Pero, en cambio, cuando la novela hispanoamericana comienza a alcanzar dimensiones universales, se afirma como su rasgo más saliente el de la presencia trágica de la Naturaleza como héroe central. En ninguna otra novela contemporánea tiene la Naturaleza semejante importancia.

El rasgo que me parece seguir a éste en importancia y permanencia es el que podríamos llamar del mestizaje. O de la aptitud y vocación de la literaura, como de la vida criolla, para el mestizaje. La literatura hispanoamericana nace mezclada e impura, e impura y mezclada alcanza sus más altas expresiones. No hay en su historia nada que se parezca a la ordenada sucesión de las escuelas, las tendencias y las épocas que caracteriza, por ejemplo, a la literatura francesa. En ella nada ter-

161

mina y nada está separado. Todo tiende a superponerse y a fundirse. Lo clásico, con lo romántico; lo antiguo, con lo moderno; lo popular, con lo refinado; lo racional, con lo mágico; lo tradicional, con lo exótico. Su curso es como el de un río, que acumula y arrastra aguas, troncos, cuerpos y hojas de infinitas procedencias. Es aluvial.

Nada es más difícil que clasificar a un escritor hispanoamericano de acuerdo con características de estilos y escuelas. Tiende a extravasarse, a mezclar, a ser mestizo.

Este rasgo tan característico de lo criollo se presenta también en las artes plásticas. En un sagaz ensayo *(Lo mexicano en las artes plásticas)*, José Moreno Villa habla del «fenómeno muy colonial del mestizaje», que hace que en los conventos del XVI encontremos esa extraña mezcla de estilos pertenecientes a tres épocas: románica, gótica y renacimiento. Esa tendencia al mestizaje le parece a Moreno Villa lo que fundamentalmente diferencia al arte mexicano del europeo, del que parece proceder, y sus interesantes observaciones las resume en la siguiente forma, que viene a ilustrar de un modo muy útil nuestra tesis: «El siglo XVI se distingue por su anacronismo (mezcla de románico, gótico y renacimiento); el siglo XVIII se distingue por su mestizaje inconsciente, y el siglo XX se distingue por la conciencia del mestizaje.»

Muchos son los ejemplos de este fecundo y típico mestizaje que ofrece la literatura criolla en todas sus épocas.

Garcilaso el Inca, buen símbolo temprano, es más mestizo en lo literario y en lo cultural que en la sangre. Elementos clásicos y barrocos siguen vivos en nuestro romanticismo. *Facundo* es un libro caótico imposible de clasificar.

Ese mestizaje nunca se mostró más pleno y más rico que en el momento del Modernismo. Todas las épocas y todas las influencias literarias concurren a formarlo. Es eso precisamente lo que tiene de más raigalmente hispanoamericano, y que era lo que Valera juzgaba simplemente como cosmopolitismo transitorio. El Modernismo surge por eso en América, y en España no tiene sino un eco momentáneo y limitado. Los hombres del 98 aprenden la lección modernista, pero, en su mayor parte, reaccionan hacia lo castizo.

Esa vocación de mestizaje, esa tendencia a lo heterogéneo y a lo impuro, vuelven a aparecer en nuestros días en la novela hispanoamericana. En ella se mezclan lo mítico con lo realista, lo épico con lo psicológico, lo poético con lo social. Tan impura y tan criolla como ella es la nueva poesía. A nada del pasado renuncia incorporando aluvialmente todo lo que le viene del mundo. No renuncia al clasicismo, ni al barroco, ni al romanticismo, ni al modernismo. Sobre ellos incorpora los nuevos elementos que florecen en la extraordinaria poesía caótica de un Pablo Neruda.

Frente a la tendencia de la literatura española «a lo más espontáneo» y «a las formas de verso menos artificiosas», la literatura hispanoamericana alza su antigua devoción por las formas más artísticas.

El gusto hispanoamericano por las formas más elaboradas y difíciles, por las formas de expresión más cultas y artísticas, no sólo se manifiesta en su literatura y en su arte, sino que se refleja en la vida ordinaria y hasta en el arte popular. Barroca, ergotista y amiga de lo conceptual y de lo críptico, es su poesía popular. El cantor popular compone frecuentemente en formas tan elaboradas como la de la décima.

Ya el español Juan de Cárdenas, entre otros, señalaba en el siglo XVI el gusto del criollo por el primor del discurso y la ventaja que en esto llevaba al peninsular. Lope de Vega, por su parte, en el gran archivo de su teatro, señala como característica del indiano la afectación del lenguaje: «Gran jugador del vocablo.» Y Suárez de Figueroa, en *El Pasajero,* dice de ellos: «¡Qué redundantes, qué ampulosos de palabras!»

La larga permanencia del barroco y la profunda compenetración del alma criolla con ese estilo es un fenómeno harto revelador en este sentido. Es el estilo que más se naturaliza y se arraiga en América. En cierto modo, adquiere en ella un nuevo carácter propio. Sació el amor del criollo por lo oscuro, lo difícil, lo elaborado. Es hecho muy lleno de significación que a fines del siglo XVI, en el aislamiento de una villa de la Nueva España, Bernardo de Balbuena, un seminarista crecido y formado allí, concibiera el más complejo y rico de los poemas barrocos de la lengua castellana: el *Bernardo.*

El gusto del hispanoamericano por las formas más artísticas y arduas no se pierde. Sobrevive a todas las influencias y a todas las modas. Lo lleva a todos los géneros literarios, desde la novela al periodismo. Lo que primero le importa es la belleza de expresión. Eso que llaman estilo. Y que hace que la mayor aspiración de un escritor consiste en ser considerado como un estilista.

El barroco y el modernismo son tan hispanoamericanos porque satisfacen ampliamente esa sed de las formas más artísticas. No le parece al hispanoamericano que se puede ser gran novelista sin escribir en una hermosa prosa. Ni se puede ser pensador sin una expresión artística. El prestigio de Rodó no venía de sus ideas, sino de su forma. Los novelistas más estimados en Hispanoamérica son los que emplean un lenguaje más armonioso y poético. Jorge Isaacs, antes que Blest Gana. Y Ricardo Güiraldes, antes que Manuel Gálvez.

El hispanoamericano no concibe la literatura sino como arte de la palabra, y la medida de ese arte es la forma.

Junto a este rango, y sólo en aparente contradicción con él, me parece ver surgir de inmediato el del primitivismo de la literatura criolla.

El mismo gusto de la forma y de la elaborada composición la lleva a una deformación de los datos inmediatos de lo objeto, que a lo que se parece es a la estilización de los primitivos. Hay en la literatura hispanoamericana cierta forma de realismo que no es sino realismo primitivo. Una realidad reelaborada por el estilo y por la concepción general del sujeto. Una como perspectiva de primitivo que hace que el pájaro del árbol del fondo resulte tan grande como la cabeza del personaje del primer plano.

Esta estilización primitiva de lo natural y de lo subjetivo rechazan la mera copia de la realidad y es un aspecto del sometimiento del criollo a una forma rígidamente concebida y elaborada.

Hay una perspectiva de primitivo en aquel tapiz de mil flores que es la *Silva, de Bello*, y en el *Facundo,* de Sarmiento, y en la poesía de Darío, y en la selva de Rivera, y en casi toda la combinación del paisaje, personaje y acción de la novela.

No sólo sabe a primitivo la literatura criolla por la estilización rígida, sino también por la abundante presencia de elementos mágicos, por la tendencia a lo mítico y lo simbólico y el prediminio de la intuición.

Lo más de ella está concebido como epopeya primitiva, en la que el héroe lucha contra la Naturaleza, contra la fatalidad, contra el mal. Es una literatura de símbolos y de arquetipos. El mal y el bien luchan con fórmulas mágicas.

Valor mágico tienen las más de las fórmulas y de los conceptos de los pensadores, de los poetas y de los novelistas. Expresan antítesis insolubles, en actitud pasional y devocional. El poeta lanza su conjunto contra el poder maléfico. El novelista describe la epopeya de la lucha contra el mal, que es la Naturaleza enemiga, o la herejía, o la barbarie. El héroe moral representa la civilización y lucha contra la barbarie, que, a veces, no es sino la avasalladora Naturaleza.

Es, por eso, una literatura de la intuición, la emoción y el sentimiento. Sentidor más que pensador, dirá Unamuno de Martí que es uno de los más representativos. Las novelas de Azuela, Gallegos, Güiraldes, Alegría, son míticas y mágicas. La misma actitud mágica e intuitiva que caracteriza la poesía de Neruda define lo más valioso del moderno cuento hispanoamericano y es la esencia de lo que debía ser el pensamiento de los más influyentes pensadores. Qué otra cosa que una fórmula mágica es el conjuro de Vasconcelos: «Por mi raza hablará el espíritu.»

Tampoco son la austeridad moral y la sobriedad psicológica rasgos de la literatura criolla. Lo son, por el contrario, la truculencia moral y la anormalidad psicológica. Es como otro aspecto de su inclinación por las formas complicadas y artificiosas.

Es literatura pasional expresada en tono alto y patético. Sus héroes son trágicos. La pasión y la facultad dirigen su marcha hacia la inexorable tragedia. Más que el amor, es su tema la muerte. Sobre todo la muerte violenta en sobrecogedor aparato.

Este gusto por el horror, por la crueldad y por lo emocional llevado a su máxima intensidad, da a la literatura hispanoamericana un tono de angustia. Lo cual la hace, a veces, una literatura pesimista, y casi siempre, una literatura trágica.

Sonríe poco. El buen humor le es extraño. No hay nada en ella que recuerde la humana simpatía del *Quijote*, o la risueña miseria del *Lazarillo*. Torvos, estilizados y absolutos principios contrarios del bien y del mal se afrontan en sangrientos conflictos. Patéticamente claman, batallan y triunfan o sucumben. La vida no está concebida como relación mudable, variada y equilibrada, sino como fatalidad absorbente y trágica.

Podría hacerse el censo de los héroes de la novela hispanoamericana. Asombraría la abundancia de neuróticos, de criminales, de fanáticos, de abúlicos; es decir: de anormales. Gentes de psicología compleja, atormentada y mórbida. Fanáticos de la creación o de la destrucción.

Estos rasgos no dejan de reflejarse en la poesía, en el ensayo y en el periodismo. Su tono es conmovido y exaltado. Hay como un acento apocalíptico consustancial con el espíritu criollo. La vida concebida como cruzada y como catástrofe.

La Araucana es un poema épico que termina con la trágica inmolación de los héroes. El espeluznante suplicio de Caupolicán no tiene antecedentes en la literatura castellana. Lo horrible y lo excepcional humano pueblan las crónicas de la conquista. Los *Comentarios Reales* están llenos de truculencia psicológica. Y Bernal Díaz. Y lo están también Fernández de Lizardi y Mármol. «Sombra terrible de Facundo, voy a invocarte», anuncia sombríamente Sarmiento.

Ni siquiera el realismo escapa a esta condición. Se busca en él la morbosa complejidad psicológica. Piénsese en el desasosiego moral, en el patetismo religioso, en la fatalidad trágica de los héroes de la novela realista hispanoamericana. Recuérdese, en dos extremos, a

Rafael Delgado y a Eugenio Cambaceres. En *Laucha,*
de Payró, se diferencia de sus antecesores picarescos,
tan simples hijos del azar, del hambre y de la libertad,
precisamente en el complejo desasosiego del ser, en la
truculencia psicológica.

Toda la novela de la revolución mexicana está dentro de ese signo. Desde *Los de abajo,* pasando por *Pito
Pérez,* hasta la sombría y presagiosa fatalidad del *Pancho Villa* de Guzmán. Toda la novela indigenista andina.
Toda la novela social con sus atormentados sufridores.
Anormales, complicados, trágicos, excesivos sin sobriedad ni en el actuar ni en el sentir son los personajes
de Eduardo Barrios, los de Rufino Blanco-Fombona, los
más de Gallegos, los de *La vorágine,* los que pueblan los
apesadillados cuentos de Horacio Quiroga.

El alma criolla está como en tensión trágica en su
literatura. Esto es lo que a muchos ha parecido reza-
gada permanencia del romanticismo. A los que no saben ver en los fenómenos más americanos sino imitación de escuelas europeas. No es imitación, es rasgo del
alma histórica y del ser individual reflejado en una literatura propia.

Los rasgos enumerados hasta aquí parecen conve-
nir a todas las obras características de la literatura
criolla. Están presentes en las más típicas de ellas y
vienen a ser lo que en realidad las distingue y persona-
liza ante otras literaturas. Esos rasgos típicos aparecen
como los más extendidos y los más constantes. Se les
encuentra en todas las épocas y en todas las zonas de
la literatura hispanoamericana. Otros hay transitorios
o locales que no convienen con tal persistencia a toda
la generalidad de su complejo ser de cuatro centurias.

Pero aún habría que señalar otro rasgo tenaz, que
es uno de los más vivos reflejos de la vida y de la psicología hispanoamericanas. Y es que la literatura está

predominantemente concebida como instrumento. Lleva, generalmente, un propósito, que va más allá de lo literario. Está determinada por una causa, dirigida a un objeto, que están fuera del campo literario. Causa y objeto que pertenecen al mundo de la acción.

Cuando Sarmiento se pone a escribir a *Facundo,* no lleva en mientes ningún propósito literario. Sus motivaciones y sus objetivos no pertenecían a la literatura. Escribe improvisadamente para defender su causa, para justificar su posición, para atacar a Rosas. No se sitúa frente a problemas de arte literario, sino ante cuestiones de lucha política y de destino histórico colectivo. Su libro está dentro de una lucha. Es una forma de llegar a la acción. Si luego resulta una de las más grandes creaciones de la literatura criolla no será su autor el menos sorprendido.

El ilustre caso de *Facundo* es típico de la concepción hispanoamericana de la literatura como instrumento de lucha. Por eso también casi toda ella es literatura improvisada, llena de intenciones deformantes, lanzada como proyectil antes de madurar como fruto. No le debe a otras preocupaciones la hora mayor de los proscriptos la literatura argentina. Ni a otras tampoco su florecimiento literario la revolución mexicana.

La pluma del anciano Bernal Díaz se mueve al servicio de una querella política, la causa del soldado del común contra la estatua clásica del glorioso capitán. Es obra de protesta. Y la sorda querella del indio contra el español es la que mueve al inca Garcilaso. Es obra de denuncia. En los años de la Independencia su libro dará a luz todo su poder subversivo. Y *La Araucana* y el *Arauco Domado* son alegato de partido, como no deja de serlo, en lo mejor y más vivo, la larga crónica pintoresca de Castellanos, o las indiscreciones de Rodríguez Freyle.

Toda la literatura de los jesuítas desterrados es de combate y de reivindicación. En excluir a Clavigero y a Landívar. Bello, Olmedo y Heredia están en las filas de la lucha cívica. Toda la literatura del siglo XIX está teñida de partidarismo. Es de conservadores o de liberales. De postulantes o de protestantes. Es periodismo político bajo otras formas. Que es lo que Lizardi hace con *El Periquillo*. Y lo que hace Juan Vicente González con la historia. Y lo que hacen los románticos con la poesía.

Si algo caracteriza a la literatura criolla hasta hoy es que con mayor persistencia y en un grado no igualado por ninguna otra está condicionada y determinada por la política. Es literatura de defensa o de ataque de los intereses de la plaza pública. Es literatura que no se conforma con ser literatura, que quiere influir en lo político y obrar sobre lo social. Es literatura reformista. Lo objetivo le es extraño y está ausente de sus obras verdaderamente típicas.

Bastaría para demostrarlo pasar rápida revista a la novela. Desde *Amalia* hasta *El mundo es ancho y ajeno*. Toda ella es instrumento de lucha política y prédica reformista.

La poesía también manifiesta este carácter, desde los gauchescos hasta Pablo Neruda. Es poesía un poco oratoria puesta al servicio de la lucha. Ese carácter político de la poesía, que no escapó a Menéndez y Pelayo, está presente en todos sus mayores momentos. Ni siquiera durante el Modernismo ese rasgo desaparece. Se atenúa y modifica, pero no se borra. La poesía modernista está dentro de una concepción política y muchas veces abiertamente al servicio de ella, como se ve en el Rubén Darío de la *Salutación del optimista,* de la *Oda a Roosevelt* y del *Canto a la Argentina.*

Todo el ensayo hispanoamericano tiene ese carácter. Está hecho como para servir a propósitos reformistas inmediatos. Le interesan las ideas por sus posibilidades de aplicación práctica a lo social. Es en este sentido un pensamiento eminentemente pragmático volcado hacia lo político y lo social. Ese rasgo lo han advertido todos los que han estudiado el pensamiento hispanoamericano. En 1906, Francisco García Calderón señalaba en los criollos la preferencia por la filosofía con «aspecto social». «Su inteligencia—decía—es pragmática; apasionan los problemas de la acción.» Y cuarenta años más tarde, José Gaos, al analizar las características del pensamiento hispanoamericano, destaca la temática política y el aspecto pedagógico, informativo y docente. La llama un «pensamiento de educadores de sus pueblos».

Estos rasgos son sin duda los que más individualidad y carácter le dan a la literatura criolla. Los que precisamente le dan el carácter criollo. Las obras que carecen de ellos saben a cosa ajena o imitada de lo ajeno. A inerte ejercido retórico. Las más grandes los tienen en grado eminente, y es su presencia lo que da el tono y el matiz diferencial a lo criollo.

Del claroscuro de la historia literaria viva surge con estos ruegos el rostro de la literatura criolla. Rasgos que son verdaderos y no ficticios, porque también lo son del alma, de la vida y de la circunstancia criollas. Sobre ellos se ha ido alzando con sus poderosas peculiaridades lo que ya podemos llamar una literatura hispanoamericana propia. Ellos han sido su condición y su destino. Sobre ellos ha crecido vigorosa y distinta. Sobre ellos está hoy y sobre ellos partirá hacia el porvenir.

Son esos rasgos los que la literatura hispanoamericana ha recibido de la tierra y de las gentes de su mundo, los que la identifican con él y los que, por ello mismo, en última instancia le dan personalidad y validez universal.

No sólo están presentes en las obras capitales de la literatura criolla, sino que es su presencia lo que hasta hoy define, más que ningún otro factor, lo criollo en literatura.

Son caracteres distintivos y propios de una literatura fuertemente caracterizada que, en lo esencial, se diferencia de la española, la más próxima, y más aún de las otras literaturas de Occidente. Ellos afirman la necesidad de considerar la literatura criolla en su ser, en su circunstancia, en su condición con un destino tan propio y tan caracterizado como el del mundo americano que expresa. Literatura original de un nuevo mundo.

INDICES

INDICE DE AUTORES

INDICE DE AUTORES

Págs.

177

Págs.

Págs.

INDICE DE AUTORES

181

INDICE GENERAL

EDICIONES EDIME

CARACAS · MADRID